아이가 주인공인 책

아이는 스스로 생각하고 성장합니다.
아이를 존중하고 가능성을 믿을 때
새로운 문제들을 스스로 해결해 나갈 수 있습니다.

길벗스쿨의 학습서는 아이가 주인공인 책입니다.
탄탄한 실력을 만드는 체계적인 학습법으로
아이의 공부 자신감을 높여줍니다.

가능성과 꿈을 응원해 주세요.
아이가 주인공인 분위기를 만들어 주고,
작은 노력과 땀방울에 큰 박수를 보내 주세요.
길벗스쿨이 자녀 교육에 힘이 되겠습니다.

어떤 문장이든
자신 있게 쓸 수 있어요!

30만 독자가 선택한 초등 영작 교재!
더 새로워진 《기적의 영어문장 만들기》

아이와 역할을 나눠 만화 속 대화를 읽으면서 문법 개념을 먼저 익혔어요. **영어 문장을 직접 쓰는 연습을 반복하다 보니 문장 구조를 자연스럽게 이해할 수 있어요.** 문장 만들기에 자신 없던 아이가 문장을 쓰면서 문장의 구조, 어순, 문법을 익히고 작문에도 관심을 보였어요. 자신 있게 영어 문장을 만들 수 있기를 기대합니다.

– 5학년 학부모 **헤린맘** 님

블록을 연결하듯이 단어를 늘려가며 문장을 만들어서 아이가 재미있고 쉽게 느껴요. 문법을 공부하지 않는데 문장을 쓰면서 구문을 저절로 익히고 문법 공부도 자연스럽게 되어 정말 좋아요. 집에서도 이 책의 학습 단계를 따라 하기만 하면 기본 문법과 작문이 가능하구나 싶어요. 아이가 문장 쓰기에 자신감이 생겼답니다.

– 6학년 학부모 **꿈꾸는일상** 님

아이와 본격적으로 영문법을 공부하기 전에 함께 공부할 교재로 선택했어요. **짧고 간단한 기본 문형으로 문장의 구조를 익히니까 쉽게 시작할 수 있어요.** 이제는 아이가 어순에 맞춰 문장을 써서 혼자 쓰더라도 실수가 적어요. 문장 해석도 자연스러워졌어요. 정말 기특하네요.

– 5학년 학부모 **쿤쿠니** 님

혼자서 공부하기에 너무 좋은 책이에요. 이 책은 정말 아이가 자기주도로 공부한 교재예요. **단어가 문장 성분마다 다른 색의 블록으로 제시되어 있어서 단어가 문장에서 어떤 역할을 하는지 직관적으로 알 수 있어요.** 또 아이가 블록의 순서대로 단어를 조합하면 문장이 완성되어서 쉽게 문장을 만들 수 있었어요.

– 5학년 학부모 **프로메테우스노력** 님

영어에는 명사를 꾸며주는 말을 쓸 때 순서가 있잖아요. 엄마인 제가 영어를 배울 때는 앞 글자만 따서 'a-형-명'처럼 외웠는데 이 책에서는 블록을 색깔에 맞춰 순서대로 이으면서 영작을 훈련할 수 있더라고요. **긴 문장도 어렵지 않게 쓰고, 문장 쓰기가 그대로 말하기로 이어져서 아이 스스로도 뿌듯해했어요.**

– 3학년 학부모 **커피사랑집밥** 님

아이들 맞춤 라이팅 교재예요! 재미있는 만화로 무엇을 배우는지 개념을 설명하고, 알록달록 색깔 블록으로 주어, 동사, 목적어, 꾸미는 말을 구분하여 어순을 알려줍니다. 개념을 이해하고 바로 이어서 문장을 직접 써보는 **연습으로 머릿속에 저~장!** 기본 동사로 영어 문장을 쉽게 썼어요. 영어 문장 쓰기가 어렵고 부담될 수 있으나, 이 책은 접근하기 쉽고 어렵지 않은 구성이라 아이가 부담 없이 공부한 것 같아요. 옆에서 흐뭇하고 지켜보면서 좋은 교재의 영향력을 실감했습니다.

– 4학년 학부모 **미미짱** 님

이 책을 완북하면서 아이가 더 이상 문장 쓰기를 어렵지 않게 생각하고 자신감을 함께 얻었어요. **재료 준비 〈 뼈대 만들기 〈 살 붙이기 단계대로 차근차근 단어를 순서에 맞춰 배열하면 슈퍼 문장과 응용 문장도 쉽게 완성할 수 있었어요.** 만화로 재미있게 개념을 익힐 수 있는 점도 좋았어요. 또래 아이들이 흔히 할 수 있는 문법 실수를 보면서 자연스럽게 배울 수 있었어요. 이 교재로 기초를 튼튼하게 다지기 해서 뿌듯하고 기쁩니다.

– 4학년 학부모 **메이브리** 님

초등 고학년이 되니 단어나 문법도 중요하지만, 짧은 문장이라도 쓸 수 있어야 할 것 같아서 이 책을 시작했어요. 영어를 여러 해 동안 공부했지만 아직 영어 문장 쓰기는 어려움이 많은데 이 교재로 1형식 만들기부터 연습하고 있어요. **문장을 만드는 방법을 알고 나서는 그동안 배웠던 단어와 문법을 활용해서 문장으로 만들어요.**

– 5학년 학부모 **초1초5중1쏭** 님

리딩, 리스닝, 스피킹, 라이팅 네 가지 영역을 다 잘하기는 힘들지만 그래도 다른 영역들은 어느 정도 실력이 느는 게 보이는데 쓰기는 어렵더라고요. **아이의 문장에는 문법 오류도 많은데 엄마인 저도 첨삭이 어려운지라 이 책으로 학습해 보기로 했어요.** 뼈대 문장에서 살을 붙이는 방식이 정말 너무 쉬워서 좋네요. 단어만 나열하면 문장이 되니 우리 아이에게 너무 딱이에요. 꾸준히 공부하면서 아이의 쓰기 실력이 늘어나는 것이 제 눈에도 보여요.

– 5학년 학부모 **러브리맘** 님

아이가 문법을 여전히 어려워하고 특히 의문문을 쓸 때에는 동사 위치와 형태를 헷갈려했어요. **이 책으로 공부하면서 영어 문장을 쓸 때 공식처럼 순서가 있다는 것을 알게 되었어요.** 이제는 쓰고 싶은 단어를 문장의 어느 위치에, 어떤 형태로 넣을지를 알고 문장을 만들어요.

– 6학년 학부모 **신생아엄마** 님

기적의 영어문장 만들기 2

길벗스쿨

저자 주선이

영어교육과 스토리텔링을 전공하였고, 전통적인 영어교수법을 다양한 매체와 접목한 영어 프로그램을 기획·개발하고 있다. 대교, 천재교육, 언어세상, 사회평론, YBM시사, NE능률, 단비교육 등과 다수의 영어 교재를 집필하고, 모바일 학습 앱 '캐치잇 잉글리시'의 콘텐츠를 개발했다. 현재 유엔젤에서 유아 영어 프로그램 'flyEng(플라잉)'의 개발 PM과 교사 교육을 총괄하고 있다.

대표 저서 《기적의 사이트 워드》, 《기적의 동사변화 트레이닝》, 《기적의 영어문장 트레이닝》, 《기적의 문법+영작》, 《바빠 영어 시제 특강》, 《초등 영어를 결정하는 파닉스와 문장》, 《초등학생 소리별 영단어》 등

기적의 영어문장 만들기 2

Miracle Series – English Sentence Building 2

개정2판 발행 · 2023년 5월 23일
개정2판 4쇄 발행 · 2024년 4월 15일

지은이 · 주선이
발행인 · 이종원
발행처 · 길벗스쿨
출판사 등록일 · 2006년 7월 1일 | **주소** · 서울시 마포구 월드컵로 10길 56 (서교동)
대표 전화 · 02)332-0931 | **팩스** · 02)323-0586
홈페이지 · www.gilbutschool.co.kr | **이메일** · gilbut@gilbut.co.kr

기획 및 책임 편집 · 김소이(soykim@gilbut.co.kr) | **표지 디자인** · 이현숙 | **제작** · 손일순
영업마케팅 · 김진성, 문세연, 박선경, 박다슬 | **웹마케팅** · 박달님, 이재윤, 이지수, 나혜연
영업관리 · 정경화 | **독자지원** · 윤정아

편집진행 및 교정 · 김미경 | **전산편집** · 연디자인 | **본문 디자인** · 윤미주 | **본문삽화** · 김해진, 최정을
영문 감수 · Ryan P. Lagace | **인쇄** · 교보피앤비 | **제본** · 경문제책 | **녹음** · YR 미디어

독자의 1초까지 아껴주는 길벗출판사
㈜도서출판 길벗 | IT교육서, IT단행본, 경제경영서, 어학&실용서, 인문교양서, 자녀교육서
www.gilbut.co.kr
길벗스쿨 | 국어학습서, 수학학습서, 유아학습서, 어학학습서, 어린이교양서, 학습단행본
www.gilbutschool.co.kr

길벗스쿨 공식 카페 〈기적의 공부방〉 · cafe.naver.com/gilbutschool
인스타그램 / 카카오플러스친구 · @gilbutschool

제 품 명 : 기적의 영어문장 만들기 2
제조사명 : 길벗스쿨
제조국명 : 대한민국
전화번호 : 02-332-0931
주　소 : 서울시 마포구 월드컵로
　　　　 10길 56 (서교동)
제조년월 : 판권에 별도 표기
사용연령 : 8세 이상
KC마크는 이 제품이 공통안전기준에
적합하였음을 의미합니다.

더 새로워진 기적의 영어문장 만들기

《기적의 영어문장 만들기》 2차 개정판을 통해 다시 만나게 되어 반갑습니다. 이 책은 영어를 처음 접하는 누구나 공통적으로 어려워하고 자주 틀리는 개념을 쉽고 재미있게 이해하고, 실용적인 예문으로 개념을 충분히 연습할 수 있도록 구성했습니다.

이번 개정판에서는 세련된 페이지 구성과 함께, 연습 문제와 복습 문제를 추가하여 아이들 스스로 배운 내용을 점검할 수 있도록 했습니다. 특히, 단어와 문장을 음성 파일로 제공하여 듣고 말하고 쓰는 입체적인 문법과 작문 학습이 가능합니다.

영어 작문의 기초가 되는 책!

영어 읽기를 처음 배울 때 파닉스를 배우듯《기적의 영어문장 만들기》는 쓰기의 파닉스 과정과 같습니다. 본격적인 작문을 하기 전에 영어 문장이 이루어지는 문장 규칙을 이해하면 영어를 읽고 쓰는 것이 훨씬 쉬워집니다. 우리 책에서는 문장의 중심인 동사를 기준으로 문장 구조를 소개하고 연습하도록 구성했습니다.

단어 활용법과 문법 개념이 저절로!

'단어'라는 재료를 문장 규칙에 따라 자연스럽게 활용하는 법을 배웁니다. 단어 블록을 통한 문장 만들기 연습은 직관적으로 영어 어순을 파악하게 하고, 문장 내 단어의 위치에 따라 그 단어의 기능이 어떻게 달라지는지를 익힐 수 있게 합니다. 문법을 별도로 배우지 않고서도 이 과정을 통해 주요 문법 개념을 저절로 습득하게 됩니다.

문장 만들기는 재미있는 집 짓기 과정!

이 책에서는 문장 만들기 과정을 집 짓기에 비유하여 '재료 준비 → 뼈대 만들기 → 살 붙이기'와 같은 단계를 거치게 됩니다. 이 단계를 따라서 단어 재료를 순서대로 배치하면 '슈퍼 문장'처럼 다양하고 긴 문장을 만들거나, '변신 문장'처럼 여러 형태의 문장들도 완성할 수 있게 됩니다.

문장 구조와 규칙을 내재화하는 과정!

문장 구조와 규칙은 꾸준한 반복 훈련을 통한 내재화 과정이 필요합니다. 이 과정을 거쳐야만 영어로 빠르게 생각할 수 있고, 이는 작문뿐만 아니라 말하기로 연결될 수 있습니다. MP3를 활용하여 문장을 듣고 말하기를 함께 연습하면 영어 회화에도 큰 도움이 될 것입니다.

많은 학생들과 선생님들이 이 책을 즐겁고 유익하게 사용할 수 있기를 소망합니다.

2023년 5월 주선이

문장을 만드는 원리

1단계 재료를 준비해요!

먼저 문장의 재료가 될 단어들이 필요해요. 문장 만들기에 사용할 단어들을 미리 알아 두는 것이 좋아요.
단어들은 다음과 같이 성격에 따라 여러 종류로 나눌 수 있어요.

명사	사람이나 사물의 이름을 나타내는 말이에요. student 학생 dog 개 school 학교 book 책 water 물
대명사	사람이나 사물의 이름을 대신하여 쓰는 말이에요. I 나는 you 너는 he 그는 her 그녀를 them 그들을 our 우리의
동사	사람이나 사물의 동작이나 상태를 나타내는 말이에요. go 가다 run 달리다 live 살다 be ~이다
형용사	사람이나 사물의 상태나 성질이 어떠한지 나타내는 말이에요. 주로 '어떠한'을 뜻하는 단어들이 속해요. good 좋은 big 큰 pretty 예쁜 white 하얀
부사	동사, 형용사, 부사 등을 꾸며 주는 말이에요. 주로 '어떻게'를 뜻하는 단어들이 속해요. late 늦게 fast 빠르게 early 일찍 here 여기에
전치사	명사나 대명사 앞에 오는 말이에요. 명사나 대명사 앞에 전치사를 붙여서 장소, 시간, 목적 등을 표현할 수 있어요. to ~으로 on ~위에 in ~안에 with ~와 함께 for ~을 위해
접속사	단어와 단어, 문장과 문장을 연결해 주는 말이에요. and 그리고 but 그러나 so 그래서 or 또는

2단계 문장의 뼈대를 만들어요!

단어들을 단순히 나열한다고 문장이 되는 것은 아니에요. 문장 규칙에 맞춰 단어들을 배열해야 문장이 이루어질 수 있어요. 문장이 되려면 기본적으로 다음과 같은 문장 뼈대를 갖추어야 해요.

주어 + 동사 + 보어 = I am happy. 나는 행복해.

I   am   happy

이렇게 〈주어 + 동사 + 보어〉 순서로 단어를 배열하면 문장이 완성돼요. 이처럼 동사 뒤에 보어가 오는 문장을 2형식 문장이라고 해요. 2형식 문장에 쓰일 수 있는 동사들로 be, seem, feel, look, taste, smell, get, become 등이 있어요.

3단계 문장에 살을 붙여요!

문장의 뼈대에 살을 붙여서 문장의 의미를 좀더 구체적으로 표현할 수 있어요.
살은 때에 따라 찔 수도 있고 빠질 수도 있지만, 우리 몸에서 뼈가 부족하다면 큰일 나겠지요?
영어 문장도 마찬가지예요. 문장의 살은 좀 부족해도 괜찮지만, 문장의 뼈대는 반드시 있어야 해요.

주어 + 동사 + 보어 + 살(부사구) = I am happy every day.
                                    나는 매일 행복해.
I   am   happy   every day

이렇게 문장 뼈대에 부사 역할을 하는 말을 붙여서 의미를 좀더 확장할 수 있어요.
문장 뼈대에 붙이는 살에는 형용사구와 부사구가 있어요. 형용사구는 문장에서 형용사 역할을 하는 것을 말하고, 부사구는 문장에서 부사 역할을 하는 것을 말해요.

이 책의 특징

01 뼈대 문장에서 긴 문장으로 차근차근 배우는 단계적 학습

문장이 만들어지는 원리를 이해하여 기본 문형부터 살 붙인 슈퍼 문장까지 자신 있게 쓸 수 있습니다.
뼈대 문장에 단어를 하나씩 늘려가면서 차근차근 연습하니까 누구나 쉽게 영작할 수 있습니다.

02 문장 구조를 한눈에 파악할 수 있는 단어 블록

문장을 만드는 재료인 단어를 구별이 쉽게 색깔 블록에 넣어 문장 어순이 한눈에 파악될 수 있습니다. 단어를 순서대로 연결하기만 하면 문법을 깊이 알지 못해도 정확한 문장을 쓸 수 있습니다.

03 문법 개념을 쉽게 익힐 수 있는 재미있는 만화

만화에 핵심 문법 개념을 재미있게 녹여내어, 캐릭터들의 대화를 읽기만 해도 문법 개념을 이해할 수 있습니다. 영작할 때 자주 하는 실수에 대해 친절하게 설명하여 혼자서도 올바른 문장 쓰기가 가능합니다.

04 영어 문장이 저절로 써지는 반복 & 누적 설계

다양한 의미의 문장을 직접 써보는 반복 연습을 풍부하게 담아 문장 구조를 자연스럽게 익힐 수 있습니다.
새롭게 추가된 〈Review Test〉, 〈Word Test〉, 〈Final Test〉를 통해 앞에서 배운 전체 내용을 누적 점검할 수 있습니다.

부가 학습자료

Word Test

〈재료 준비하기〉에 등장하는 단어의 철자와 〈살 붙이기〉에서 배운 표현들을 정확하게 알고 있는지 다시 확인합니다.

Final Test

앞에서 배운 동사를 두 개씩 누적하여 우리말에 알맞은 영어 문장을 완성해 봅니다. 주어진 단어를 사용해 문장을 만들면서 문장 구조를 제대로 파악했는지 마무리 점검합니다.

길벗스쿨 e클래스
eclass.gilbut.co.kr

길벗스쿨 e클래스에서 온라인 퀴즈, MP3 파일 및 워크시트 다운로드 등 부가 학습자료를 이용하실 수 있습니다.

단어 따라쓰기 워크시트

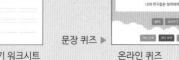

◀ 단어 퀴즈

문장 퀴즈 ▶   온라인 퀴즈

학습계획표

시작하기에 앞서 이 책의 학습 계획을 세워 보세요.

스스로 지킬 수 있는 오늘의 목표를 정하고 꾸준히 실천해 보세요.

무엇보다도 계획하고 실천하는 공부 습관을 만드는 것이 중요합니다.

동사 be	Day 1	Day 2	Day 3	Day 4	Day 5	Day 6
	문장의 뼈대 만들기 I , II	문장의 뼈대 만들기 III, IV	문장에 살 붙이기 I	문장에 살 붙이기 II	슈퍼 문장 만들기, 의문문 만들기	Challenge!, Review Test
계획한 날짜	월 일	월 일	월 일	월 일	월 일	월 일

동사 feel	Day 7	Day 8	Day 9	Day 10	Day 11	Day 12
	문장의 뼈대 만들기 I , II	문장의 뼈대 만들기 III	문장에 살 붙이기 I	문장에 살 붙이기 II	슈퍼 문장 만들기, 의문문 만들기	Challenge!, Review Test
계획한 날짜	월 일	월 일	월 일	월 일	월 일	월 일

동사 taste	Day 13	Day 14	Day 15	Day 16	Day 17	Day 18
	문장의 뼈대 만들기 I , II	문장의 뼈대 만들기 III, IV	문장에 살 붙이기 I	문장에 살 붙이기 II	슈퍼 문장 만들기, 의문문 만들기	Challenge!, Review Test
계획한 날짜	월 일	월 일	월 일	월 일	월 일	월 일

동사 get	Day 19	Day 20	Day 21	Day 22	Day 23	Day 24
	문장의 뼈대 만들기 I , II	문장의 뼈대 만들기 III, IV	문장에 살 붙이기 I	문장에 살 붙이기 II	슈퍼 문장 만들기, 의문문 만들기	Challenge!, Review Test
계획한 날짜	월 일	월 일	월 일	월 일	월 일	월 일

차례

재료 준비하기
본 학습에 들어가기 전에 다음 단어들을 꼭 기억해 두세요.

명사

○ friend   친구
○ student   학생
○ teacher   교사, 선생님
○ doctor   의사
○ soldier   군인
○ sister   자매(누나, 언니, 여동생)
○ brother   형제(오빠, 남동생)
○ girl   소녀

부사

○ too   너무
○ still   여전히
○ very   매우

첫 번째 동사

be

단어 & 문장 듣기

형용사

- sad 슬픈
- busy 바쁜
- sick 아픈
- lazy 게으른
- kind 친절한
- cute 귀여운
- free 한가한
- silly 어리석은

- smart 영리한
- tired 피곤한
- happy 행복한
- honest 정직한
- hungry 배고픈
- younger 더 어린
- elder 나이가 더 많은
- best 가장 친한, 최고의

Step 1
문장의 뼈대 만들기

I am과 am not
are과 aren't

 **개념 쏙쏙** 부모님이나 선생님, 친구와 역할을 나눠서 읽어 보세요.

❶ 오늘 배울 be동사는 '~이다'의 뜻으로, 주어에 따라서 be동사의 모양이 바뀌어요.

❷ 그건 저도 알아요. am, are, is 중에서 골라 쓰면 되는 거죠?

be동사
(~이다, ~에 있다)

am   is   are

❸ That's right! 오늘은 인칭대명사 주어와 함께 연습해 봐요.

I   + am
We ┐
You ├ + are
They ┘

❹ '나는 행복하다.'는 문장을 만들어 볼까요?

문제가 너무 쉬운데요. I happy!

❺ happy는 '행복하다'란 동사가 아니라 '행복한'이란 뜻의 형용사예요. 그러니 동사가 필요하겠죠?

아~, I am happy.

❻ Good job! sick, hungry, lazy, smart 모두 형용사니까 꼭 be동사와 함께 써 줘야 해요.

주어 + be동사 + 보어(형용사)

❼ 이번엔 주어를 '그들은'으로 바꿔서 말해 볼까요?

주어가 They니까 동사도 are로 바꿔야죠? They are happy.

❽ Super! 마지막 문제! '그들은 행복하지 않다.'는?

'~이지 않다'니까 be동사 뒤에 not을 붙여서 They are not happy.

❾ Good job! 한 가지 더! are not은 보통 aren't로 줄여 써요.

① am ~이다 / am not ~이지 않다

주어가 I일 경우에 be동사 자리에 am을 써요. '~이지 않다'라고 할 땐 am 뒤에 not을 붙여요. 또한, be동사 뒤에는 주어의 상태를 나타내는 형용사를 쓸 수 있어요.

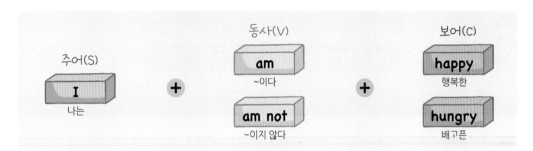

	동사(V)		보어(C)
주어(S) I 나는	+	am ~이다 / am not ~이지 않다	+	happy 행복한 / hungry 배고픈

나는 행복하다.   I **am** happy. / I**'m** happy.

나는 배고프지 않다.   I **am not** hungry. / I**'m not** hungry.

> 줄임말을 알아두세요.
> I am = I'm
> I am not = I'm not

② are ~이다 / aren't ~이지 않다

주어가 You, We, They이거나 복수 명사일 경우에 '~이다'라고 할 땐 are를 붙여요. 반대로, '~이지 않다'라고 할 땐 are not, 또는 줄여서 aren't를 합체해요.

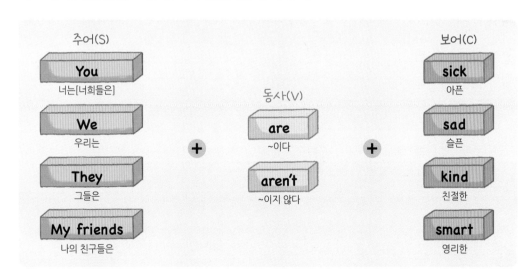

주어(S)	동사(V)	보어(C)
You 너는[너희들은] / We 우리는 / They 그들은 / My friends 나의 친구들은	are ~이다 / aren't ~이지 않다	sick 아픈 / sad 슬픈 / kind 친절한 / smart 영리한

너는[너희들은] 아프다.   You **are** sick.

우리는 슬프지 않다.   We **aren't** sad.

그들은 친절하다.   They **are** kind.

나의 친구들은 영리하지 않다.   My friends **aren't** smart.

> 줄임말을 알아두세요.
> You are = You're
> We are = We're
> They are = They're

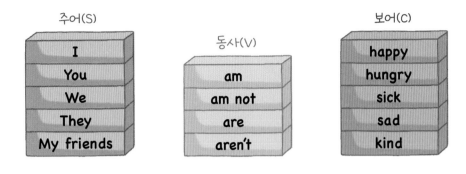

주어(S)

I
You
We
They
My friends

동사(V)

am
am not
are
aren't

보어(C)

happy
hungry
sick
sad
kind

1.

I	am	happy
나는	~이다	행복한

.

2.

나는	~이지 않다	행복한

.

3.

너는[너희들은]	~이다	배고픈

.

4.

너는[너희들은]	~이지 않다	배고픈

.

5.

우리는	~이다	아픈

.

6.

우리는	~이지 않다	아픈

.

7.

그들은	~이다	슬픈

.

8.

그들은	~이지 않다	슬픈

.

9.

나의 친구들은	~이다	친절한

.

10.

나의 친구들은	~이지 않다	친절한

.

개념 쏙쏙 부모님이나 선생님, 친구와 역할을 나눠서 읽어 보세요.

❶ 오늘도 be동사에 관해 계속 배워봐요. be동사의 현재형에는 어떤 것들이 있었죠?

am, are, is요!

❷ be동사 is는 어떤 주어와 함께 쓸 수 있을까요?

He, She, It과 같은 단수 주어랑 합체해요!

He
She + is
It

❸ Good job!

선생님! He, She, It은 동사 끝에 -s 붙는 걸 좋아하나 봐요. 1권에서 goes, does, lives라고 했고, be동사에서도 is를 쓰잖아요. 모두 끝에 -s가 붙었어요.

❹ 호호호, 그런 것 같네요. be동사를 쓸 땐 반드시 주어를 확인하고 am, are, is 중에 어떤 걸 써야 할지 골라야 해요.

넵!

❺ '그는 선생님이다.'를 영어 문장으로 만들어 볼까요?

주어가 He니까 be동사 중 is를 써서 He is teacher.

❻ 영어에서는 직업을 나타내는 말 앞에는 a나 an을 함께 써 줘야 해요.

a/an + 직업

He is a teacher.
She is a doctor.

직업을 나타내는 명사 앞에는 a/an을 꼭 써 줘요.

❼ '그는 선생님이 아니다.'는 어떻게 표현할까요?

부정문이니까 be동사 뒤에 not을 붙여서 He is not a teacher.

❽ Good! is not은 줄여서 isn't라고 할 수 있어요.

He isn't a teacher!

⬤ **is** ~이다 / **isn't** ~이 아니다

주어가 He, She, It이거나 단수 명사일 경우에 '~이다'라고 할 땐 is를 써요. 반대로, '~이 아니다'라고 할 땐 is not, 또는 줄여서 isn't를 합체해요.

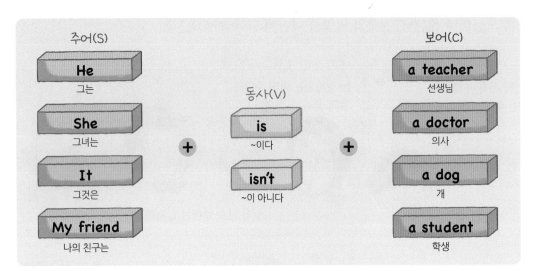

주어(S)		동사(V)		보어(C)
He 그는		**is** ~이다		**a teacher** 선생님
She 그녀는	+	**isn't** ~이 아니다	+	**a doctor** 의사
It 그것은				**a dog** 개
My friend 나의 친구는				**a student** 학생

그는 선생님이다.　　　　　He **is** a teacher.

그녀는 의사가 아니다.　　　She **isn't** a doctor.

그것은 개다.　　　　　　　It **is** a dog.

나의 친구는 학생이 아니다.　My friend **isn't** a student.

> ❗ be동사 뒤에는 형용사뿐만 아니라 신분이나 직업을 나타내는 명사가 올 수 있어요.

 **연습 팍팍** 각각의 블록을 합체하여 문장을 만들어 보세요.

주어(S)
He
She
It
My friend

동사(V)
is
isn't

보어(C)
a teacher
a doctor
a dog
a student

1. _____ _____ _____ .
    그는   ~이다   선생님

2. _____ _____ _____ .
    그는   ~이 아니다   선생님

3. _____ _____ _____ .
    그녀는   ~이다   의사

4. _____ _____ _____ .
    그녀는   ~가 아니다   의사

5. _____ _____ _____ .
    그것은   ~이다   개

6. _____ _____ _____ .
    그것은   ~가 아니다   개

7. _____ _____ _____ .
    나의 친구는   ~이다   학생

8. _____ _____ _____ .
    나의 친구는   ~이 아니다   학생

Step1

문장의 뼈대 만들기

Ⅲ was와 wasn't were과 weren't

개념 쏙쏙 부모님이나 선생님, 친구와 역할을 나눠서 읽어 보세요.

❶ 이번 시간엔 be동사 is의 과거형을 알아볼까요?

알고 있어요! is는 was로!

❷ Good! am의 과거형도 was예요.

❸ am과 is는 다행히 과거형이 서로 같네요. be동사는 종류도 많고 변신도 너무 자주 해요. 그냥 하나로 쓰면 좋을 텐데….

그러게요. 주어와 함께 be동사를 익혀 두면 쉽게 기억할 수 있을 거예요.

$$\left.\begin{array}{c} I \\ He \\ She \\ it \end{array}\right\} + was$$

'그녀는 슬펐다.'를 영어 문장으로 만들어 볼까요?

❹ '슬픈'은 형용사니까 동사가 필요하겠죠? 그러니까 She is sad!

❺ 다시 잘 생각해 봐요. is가 '~이었다'의 의미가 되려면?

앗, was요! She was sad.

❻ That's right! 그럼, 주어가 You, We, They이거나 복수 명사일 경우엔 어떤 be동사를 써야 할까요?

음…, are의 과거 형태인 were를 쓰면 돼.

$$\left.\begin{array}{c} You \\ We \\ They \end{array}\right\} + were$$

❼ Good job! '그들은 군인이었다.'를 영어로 표현해 볼까요?

They were a soldier.

❽ a soldier? 군인 한 명이 아니라 '군인들'이란 뜻이 돼야 하니까 soldier에 -s를 붙여야죠. 영어로는 단수인지 복수인지 잘 구별해서 써야 해요.

soldier + s = soldiers

❾ 헤헤, 그렇네요. They were soldiers.

❿ 끝으로, 인칭대명사와 be동사를 표로 정리해 봐요.

I	I am	I was
you	you are	you were
he	he is	he was
she	she is	she was
we	we are	we were
they	they are	they were

① was ~이었다 / wasn't ~이지 않았다

주어가 I, He, She, It이거나 단수 명사일 경우에 '~이었다'라고 할 땐 was를 씁니다. 반대로, '~이지 않았다'라고 할 땐 주어 뒤에 was not, 또는 줄여서 wasn't를 합체해요.

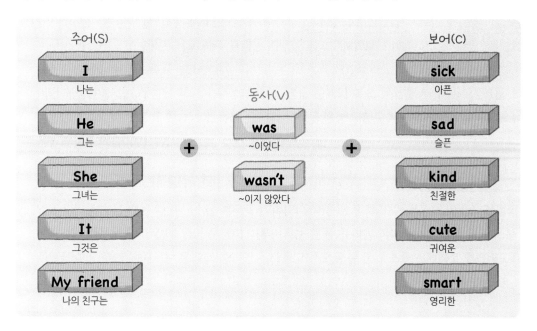

나는 아팠다.	I **was** sick.	
그는 슬프지 않았다.	He **wasn't** sad.	
그녀는 친절하지 않았다.	She **wasn't** kind.	
그것은 귀여웠다.	It **was** cute.	
나의 친구는 영리했다.	My friend **was** smart.	

sick, sad, kind, cute, smart
모두 형용사니까
앞에 be동사 넣는 거,
잊으면 안 돼요!

연습팍팍 각각의 블록을 합체하여 문장을 만들어 보세요.

주어(S)

I
He
She
It
My friend

동사(V)

was
wasn't

보어(C)

sick
sad
kind
cute
smart

1.

　　　나는　　　　　　　　~이었다　　　　　　　아픈

2.

　　　나는　　　　　　　　~이지 않았다　　　　　아픈

3.

　　　그는　　　　　　　　~이었다　　　　　　　슬픈

4.

　　　그는　　　　　　　　~이지 않았다　　　　　슬픈

5.

　　　그녀는　　　　　　　~이었다　　　　　　　친절한

6.

　　　그녀는　　　　　　　~이지 않았다　　　　　친절한

7.

　　　그것은　　　　　　　~이었다　　　　　　　귀여운

8.

　　　그것은　　　　　　　~이지 않았다　　　　　귀여운

9.

　　　나의 친구는　　　　　~이었다　　　　　　　영리한

10.

　　　나의 친구는　　　　　~이지 않았다　　　　　영리한

② were ~이었다 / weren't ~이 아니었다

주어가 You, We, They이거나 복수 명사일 경우에 '~이었다'라고 할 땐 were를 씁니다. 반대로, '~이 아니었다'라고 할 땐 주어 뒤에 were not, 또는 줄여서 weren't를 합체해요.

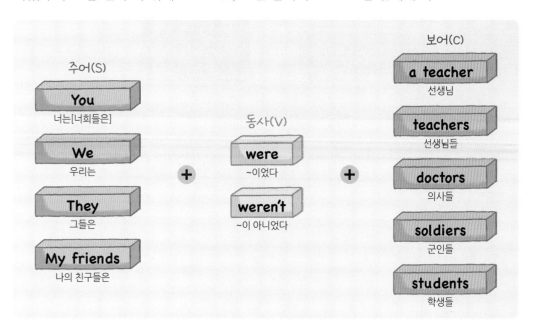

당신은 선생님이었다.	You **were** a teacher.
당신들은 선생님이 아니었다.	You **weren't** teachers.
우리는 의사였다.	We **were** doctors.
그들은 군인이 아니었다.	They **weren't** soldiers.
나의 친구들은 학생이었다.	My friends **were** students.

You는 '당신은, 당신들은'의 뜻으로도 쓰여요.

연습 팍팍　각각의 블록을 합체하여 문장을 만들어 보세요.

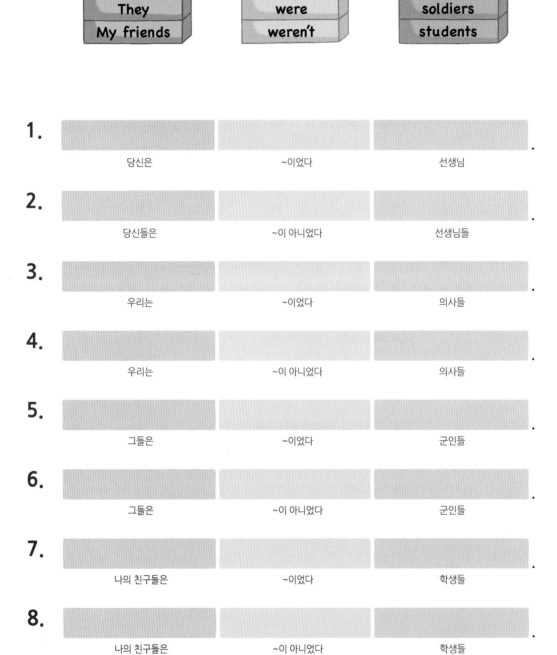

주어(S)

You
We
They
My friends

동사(V)

were
weren't

보어(C)

a teacher
teachers
doctors
soldiers
students

1. _____　_____　_____ .
　　당신은　　　　　~이었다　　　　　선생님

2. _____　_____　_____ .
　　당신들은　　　~이 아니었다　　　선생님들

3. _____　_____　_____ .
　　우리는　　　　　~이었다　　　　　의사들

4. _____　_____　_____ .
　　우리는　　　　~이 아니었다　　　의사들

5. _____　_____　_____ .
　　그들은　　　　　~이었다　　　　　군인들

6. _____　_____　_____ .
　　그들은　　　　~이 아니었다　　　군인들

7. _____　_____　_____ .
　　나의 친구들은　　　~이었다　　　학생들

8. _____　_____　_____ .
　　나의 친구들은　　~이 아니었다　　학생들

개념 쏙쏙 부모님이나 선생님, 친구와 역할을 나눠서 읽어 보세요.

❶
이번 시간엔 뭘 배우게 될지 민준이가 한번 맞혀 볼래요?

과거까지 배웠으니까 이젠 타임머신 타고 미래로!

오늘은 will be를 공부할 거예요. will be는 '~일 것이다, ~이 될 것이다'라는 뜻으로 쓰여요.

will + be

❷
아하! 그럼,
I will be a teacher.
I will be busy.

❸
That's it! 그럼, will be의 문장 뼈대를 확인해 볼까요?

주어 + will be + 보어

❹
'그는 의사가 될 것이다.'를 말해 볼까요?

음…, 문장 뼈대에 맞추면
He will be a doctor.

❺
역시 will이 최고라니까요! 모양을 바꾸지 않아도 되니까 너무 좋아요.

Good! will be는 주어가 무엇이든 항상 will be예요.

❻
이번엔 '그녀는 배고플 것이다.'를 해볼까요?

She will be hungry.

❼
Great! 그럼, '그녀는 배고프지 않을 것이다.'는?

'~이지 않을 것이다'니까 will not을 붙여서 She will not be hungry.

❽
Very good! will not은 won't로 줄여 쓸 수 있어요.

❾
야호! 그럼,
She won't be hungry.
They won't be busy.

Perfect!

will be ~일 것이다 / won't be ~이지 않을 것이다

'~일 것이다, ~이 될 것이다'라고 할 땐 will be를 써요. will be 앞에는 어떤 주어든지 올 수 있어요. 반대로, '~이지 않을 것이다, ~이 되지 않을 것이다'라고 할 땐 will not be, 또는 줄여서 won't be를 합체하면 돼요.

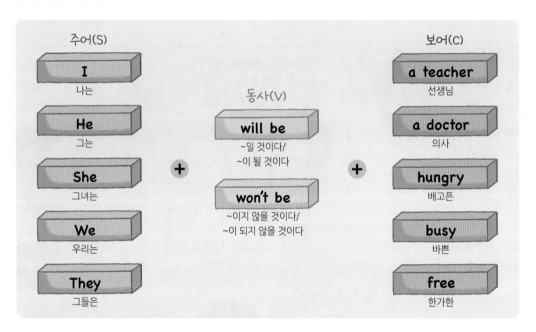

나는 선생님이 될 것이다.	I **will be** a teacher.
그는 의사가 되지 않을 것이다.	He **won't be** a doctor.
그녀는 배고플 것이다.	She **will be** hungry.
우리는 바쁘지 않을 것이다.	We **won't be** busy.
그들은 한가할 것이다.	They **will be** free.

 각각의 블록을 합체하여 문장을 만들어 보세요.

주어(S)

I
You
We
They
He
She

동사(V)

will be
won't be

보어(C)

a teacher
a doctor
busy
free
hungry
happy

1.

나는   ~이 될 것이다   선생님

2.

너는   ~가 되지 않을 것이다   의사

3.

우리는   ~일 것이다   바쁜

4.

그들은   ~이지 않을 것이다   한가한

5.

그는   ~이 될 것이다   선생님

6.

그녀는   ~가 되지 않을 것이다   의사

7.

너는   ~일 것이다   행복한

8.

우리는   ~이지 않을 것이다   바쁜

9.

그는   ~일 것이다   배고픈

개념 쏙쏙 부모님이나 선생님, 친구와 역할을 나눠서 읽어 보세요.

❶ 선생님! 이제 문장에 살을 붙일 차례예요!
맞아요. 명사에 살을 붙여 볼까요?

❷ '똑똑한 소녀'는 어떻게 표현하면 될까요?
smart girl?

❸ 영어에서는 셀 수 있는 명사가 단수인지 복수인지를 구분한다고 했죠?
아, 그랬지 참! a smart girl.

❹ Good! '똑똑한 소녀들'은 어떻게 표현할까요?
여러 명이니까 smart girls.

❺ Very good! 이번엔 '정직한 친구'를 해볼까요?
a honest friend.

❻ 에이, 아니죠~. 첫소리가 모음으로 시작하는 명사는 앞에 a 대신 an을 쓴다고 했잖아요.
깜빡 했네요! an honest friend가 돼야 하죠?

> 셀 수 있는 단수 명사 앞에는 a를 붙이되, 첫소리가 모음인 경우엔 an을 써 줘요.

❼ That's it! 자, 이번엔 '나의 친구'를 한번 말해 볼까요?
음..., 셀 수 있는 명사는 a를 붙여 주니까 my a friend.

❽ my, your, his 등과 같은 소유격은 a와 함께 쓸 수 없어요. a friend 또는 my friend라고 써야 해요.
아하! 그럼, a를 빼고 my friend!

❾ Great! 문제 하나 더! '나의 가장 친한 친구'를 말해 봐.
형용사는 명사 앞에 붙이니까 my best friend!

❿ Great job! 인칭대명사의 소유격 형태를 한번 정리해 봐요.

인칭대명사의 소유격

나의	my	너의	your
그의	his	너희들의	your
그녀의	her	우리의	our
그것의	its	그들의	their

① a/an + 형용사 + 명사

형용사는 명사 앞에서 명사를 꾸며 줘요. 우리말로는 잘 표현이 안 되지만 영어로는 셀 수 있는 명사가 하나일 땐 a나 an을 꼭 써 준답니다.

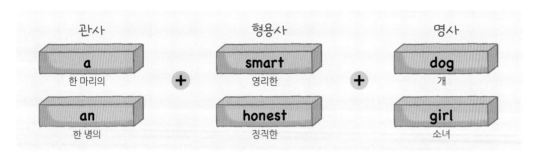

관사		형용사		명사
a 한 마리의	+	**smart** 영리한	+	**dog** 개
an 한 병의		**honest** 정직한		**girl** 소녀

그것은 **영리한** 개다.　　　　　It is a **smart** dog.

그녀는 **정직한** 소녀다.　　　　She is an **honest** girl.

② 소유격 + 형용사 + 명사

소유를 나타내는 말은 〈형용사 + 명사〉 앞에 써요.

소유격		형용사		명사
my 나의		**younger** 더 어린		**brother** 형제
his 그의	+	**elder** 나이가 더 많은	+	**sisters** 누나들
Jane's 제인의		**best** 가장 친한[최고의]		**friends** 친구들

그는 **나의** 남동생이다.　　　　　　　He is **my** younger brother.

그들은 **그의** 누나들이다.　　　　　　　They are **his** elder sisters.

우리는 **제인의** 가장 친한 친구들이다.　　We are **Jane's** best friends.

> Jane's처럼 사람의 이름으로 소유격을 나타낼 땐 끝에 's를 붙여요.

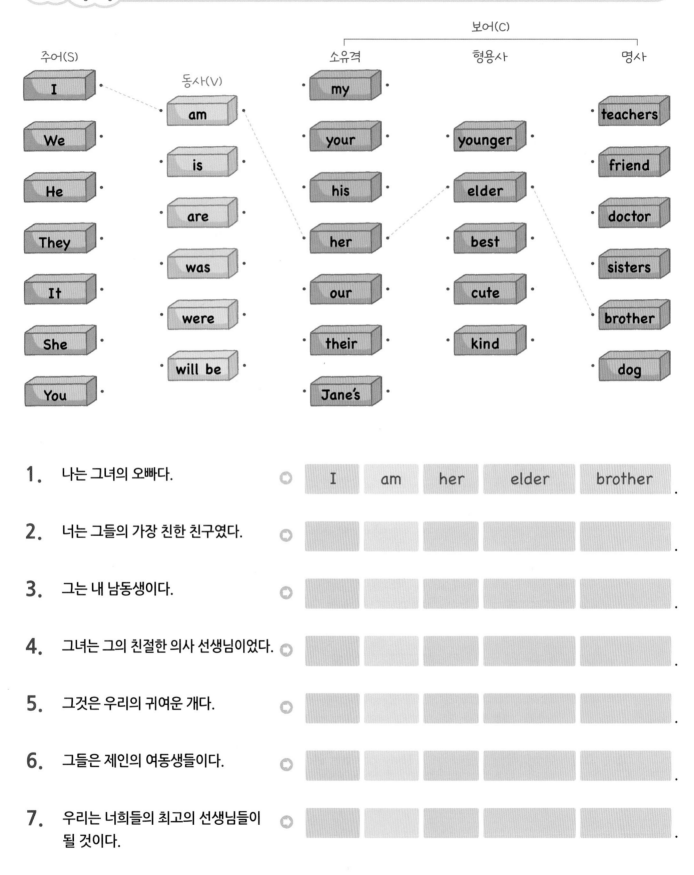

보어(C)

주어(S) | 동사(V) | 소유격 | 형용사 | 명사

1. 나는 그녀의 오빠다. ⟳ I am her elder brother .

2. 너는 그들의 가장 친한 친구였다. ⟳ .

3. 그는 내 남동생이다. ⟳ .

4. 그녀는 그의 친절한 의사 선생님이었다. ⟳ .

5. 그것은 우리의 귀여운 개다. ⟳ .

6. 그들은 제인의 여동생들이다. ⟳ .

7. 우리는 너희들의 최고의 선생님들이 될 것이다. ⟳ .

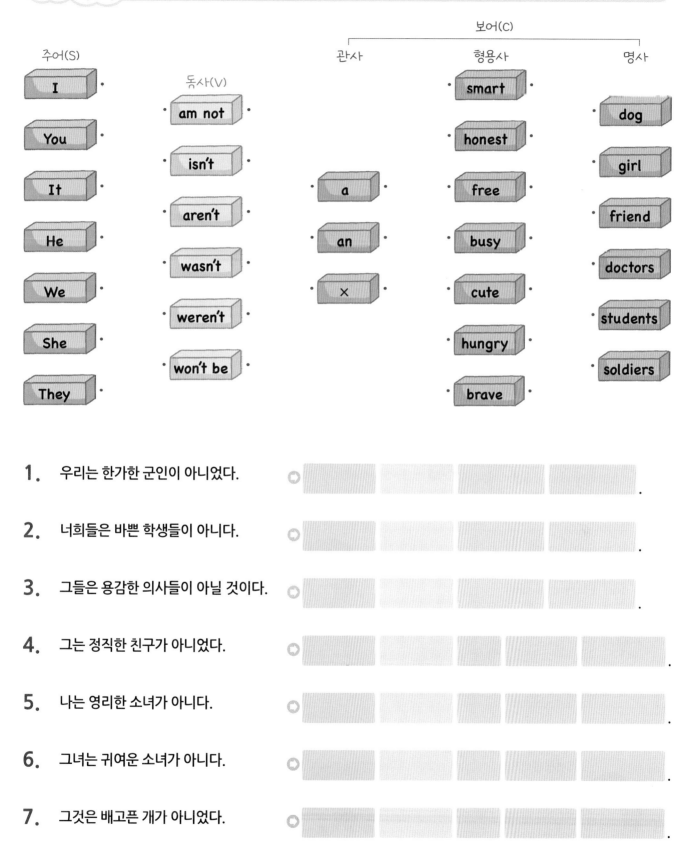

보어(C)

주어(S) 동사(V) 관사 형용사 명사

I · · am not · · smart · · dog

You · · isn't · · honest · · girl

It · · aren't · · a · · free · · friend

He · · an · · busy · · doctors

We · · wasn't · · × · · cute · · students

She · · weren't · · hungry · · soldiers

They · · won't be · · brave

1. 우리는 한가한 군인이 아니었다. 　➡

2. 너희들은 바쁜 학생들이 아니다. 　➡

3. 그들은 용감한 의사들이 아닐 것이다. 　➡

4. 그는 정직한 친구가 아니었다. 　➡

5. 나는 영리한 소녀가 아니다. 　➡

6. 그녀는 귀여운 소녀가 아니다. 　➡

7. 그것은 배고픈 개가 아니었다. 　➡

Step 2

문장에 살 붙이기 Ⅱ 형용사, 부사

개념 쏙쏙 부모님이나 선생님, 친구와 역할을 나눠서 읽어 보세요.

①
오늘은 보어에 살을 붙여 보는
연습을 해 봐요.

좋아요!

②
두 개의 형용사를 이용해서
'내 친구는 배고프고 피곤하다.'
를 만들어 봐요.

'배고픈'과 '피곤한'은 형용사
니까 be동사를 넣어서
My friend is hungry tired.
어째 좀 이상하네.

배고픈 + 피곤한

③
그렇죠? 두 형용사를 연결해
주는 접속사 and를 넣어야 해요.

아하!
hungry and tired
이렇게 말이죠?

형용사 +
and + 형용사

④
That's it!
다시 말해 봐요.

My friend is
hungry and tired.

⑤
저희 집 개가 생각나요.
녀석이 게으르고 어리석거든요.
My dog is lazy and silly!

⑥

호호호, 배운 걸 금방 활용 했네요. 이번엔
또 다른 방법으로 보어에 살을 붙여 봐요.

형용사 말고 다른 것도
붙일 수 있어요?

⑦
그럼요! very, too와 같은 부사를 형용사 앞에 붙여
줄 수 있어요. '내 친구들은 매우 배고프다.'를
표현해 볼까요?

부사 + 형용사

⑧
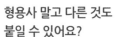
My friends are very hungry.

Wonderful!

① 형용사 + and + 형용사

보어로 쓰인 형용사에 살을 붙일 수 있어요. '그리고'란 뜻의 접속사 and로 두 개의 형용사를 연결할 수 있답니다.

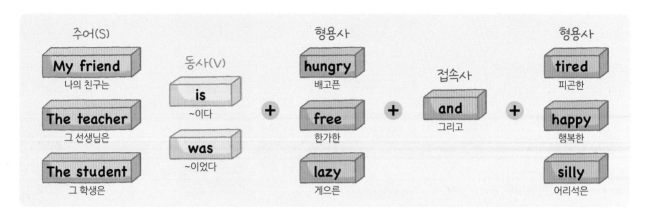

나의 친구는 배고프고 **피곤하다**.   My friend is hungry **and tired**.

그 선생님은 한가롭고 **행복했다**.   The teacher was free **and happy**.

그 학생은 게으르고 **어리석었다**.   The student was lazy **and silly**.

② 부사 + 형용사

보어로 쓰인 형용사 앞에 부사를 써서 정도를 나타내요.

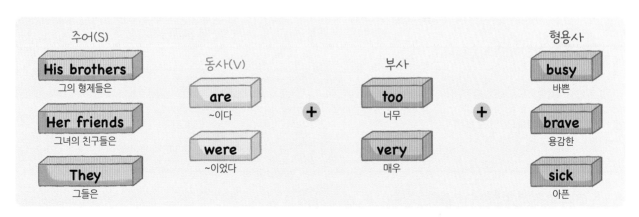

그의 형제들은 **너무** 바쁘다.   His brothers are **too** busy.

그녀의 친구들은 **매우** 용감했다.   Her friends were **very** brave.

그들은 **매우** 아프다.   They are **very** sick.

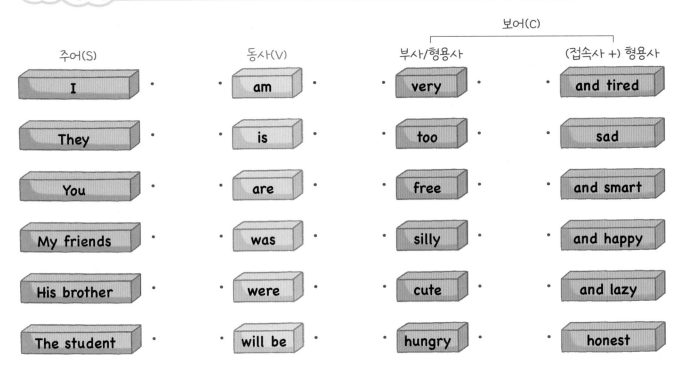

1. 나는 너무 슬프다.

    ⟹   .

2. 너는 귀엽고 영리하다.

    ⟹   .

3. 그들은 어리석고 게을렀다.

    ⟹   .

4. 그 학생은 매우 정직하다.

    ⟹   .

5. 그의 형은 자유롭고 행복했다.

    ⟹   .

6. 내 친구들은 배고프고 피곤할 것이다.

    ⟹   .

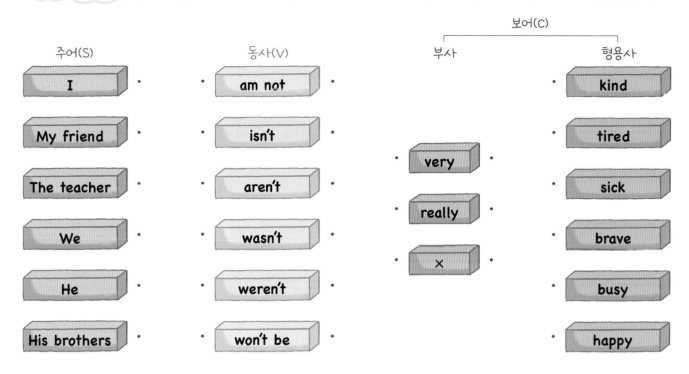

1. 나는 많이 피곤하지 않다.
   ○ _____ _____ _____ .

2. 그는 정말 행복하지 않았다.
   ○ _____ _____ _____ .

3. 우리는 많이 아프지 않았다.
   ○ _____ _____ _____ .

4. 그 선생님은 아주 친절하지 않다.
   ○ _____ _____ _____ .

5. 내 친구는 정말 바쁘지 않을 것이다.
   ○ _____ _____ _____ .

6. 그의 형제들은 용감하지 않다.
   ○ _____ _____ _____ .

슈퍼 문장 만들기

연습 팍팍 문장 뼈대에 살을 붙여가면서 슈퍼 문장을 만들어 보세요.

1) 명사에 살을 붙일 때 형용사는 명사 앞에 붙여요.
2) 보어로 쓰인 형용사 뒤에 접속사 and를 연결하여 형용사 하나를 더 붙일 수 있어요.
3) 형용사 앞에 very나 really와 같은 부사를 넣어 살을 붙여 줄 수도 있어요.

1.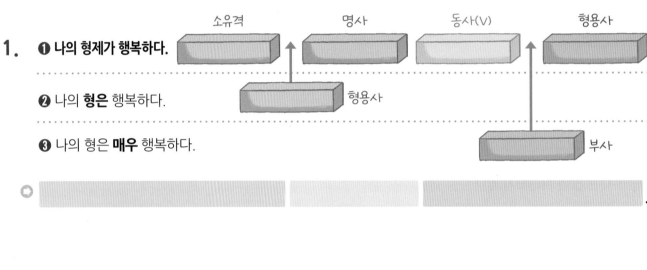
   ❶ 나의 형제가 행복하다.
   ❷ 나의 **형은** 행복하다.
   ❸ 나의 형은 **매우** 행복하다.

2.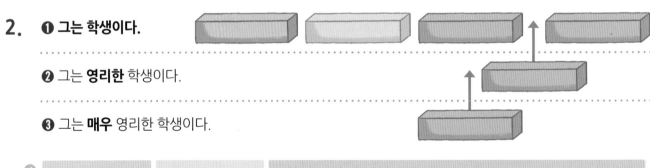
   ❶ 그는 학생이다.
   ❷ 그는 **영리한** 학생이다.
   ❸ 그는 **매우** 영리한 학생이다.

3. **❶ 그녀의 친구는 친절하다.**

❷ 그녀의 **제일 친한** 친구는 친절하다.

❸ 그녀의 제일 친한 친구는 **매우** 친절하다.

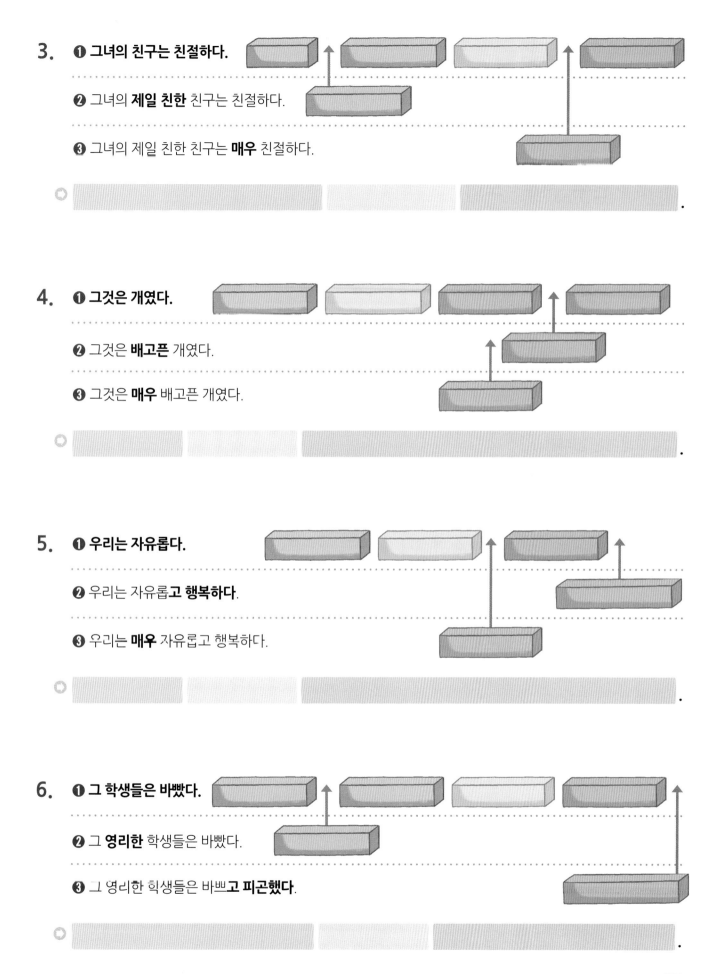

4. **❶ 그것은 개였다.**

❷ 그것은 **배고픈** 개였다.

❸ 그것은 **매우** 배고픈 개였다.

5. **❶ 우리는 자유롭다.**

❷ 우리는 자유롭**고 행복하다**.

❸ 우리는 **매우** 자유롭고 행복하다.

6. **❶ 그 학생들은 바빴다.**

❷ 그 **영리한** 학생들은 바빴다.

❸ 그 영리한 학생들은 바쁘**고 피곤했다**.

① Is + 단수 주어 + 보어?

주어가 He, She, It이거나 단수 명사일 경우에 '~이니?'라고 물을 땐 is를 문장 맨 앞으로 보내면 돼요.

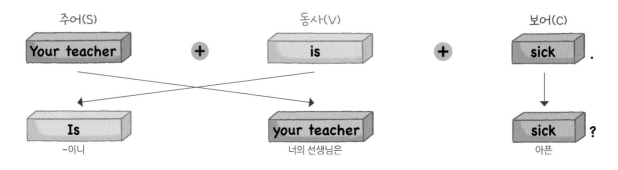

1. 그의 개는 영리해요?

○ 　　　　　　　　　　　　　　　　　　　　? 　　Yes, it is.

2. 그 선생님은 친절하시니?

○ 　　　　　　　　　　　　　　　　　　　　? 　　No, he/she isn't.

3. 네 여동생은 아프니?

○ 　　　　　　　　　　　　　　　　　　　　　　? 　　No, she isn't.

② Are + 복수 주어 + 보어?

주어가 You, We, They이거나 복수 명사일 경우에 '~이니?'라고 물을 땐 are를 문장 맨 앞으로 보내요.

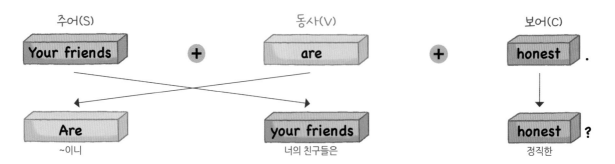

1. 너희들은 지금 배고프니?

◌ [____] [____] [____] [now] ? ◁ No, we aren't.

2. 그들은 매우 게으른가요?

◌ [____] [____] [____] [____] ? ◁ Yes, they are.

3. 당신들은 오늘 행복합니까?

◌ [____] [____] [____] [today] ? ◁ Yes, we are.

---

③ Was + 단수 주어 + 보어?

'~이었니?'라고 물을 땐 주어에 따라서 was와 were를 구별해서 써야 해요. 주어가 He, She, It이거나 단수 명사일 경우엔 was를 문장 맨 앞으로 보내요.

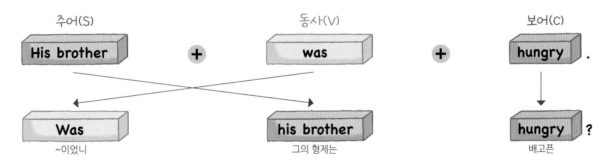

주어(S)		동사(V)		보어(C)
His brother	+	**was**	+	**hungry** .

Was		**his brother**		**hungry** ?
~이었니		그의 형제는		배고픈

1. 그의 여동생은 귀여웠니?

◌ [____] [____] [____] ? ◁ No, she wasn't.

2. 그는 어제 많이 슬펐어요?

◌ [____] [____] [____] [yesterday] ? ◁ No, he wasn't.

3. 그녀는 지난주에 매우 바빴나요?

◌ [____] [____] [____] [last week] ? ◁ Yes, she was.

④ Were + 복수 주어 + 보어?

주어가 You, We, They이거나 복수 명사일 경우에 '~이었니?'라고 물을 땐 were를 문장 맨 앞으로 보내주세요.

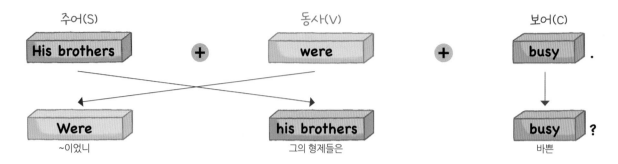

1. 너희들은 어제 많이 피곤했니?

◯ [   ] [   ] [   ] [   ] yesterday ? ◁ No, we weren't.

2. 그 선생님들은 매우 친절했어요?

◯ [   ] [   ] [   ] [   ] ? ◁ Yes, they were.

3. 너는 어젯밤에 아팠니?

◯ [   ] [   ] [   ] last night ? ◁ Yes, I was.

CHALLENGE!

동사 seem을 이용하여 문장을 만들어 보세요.

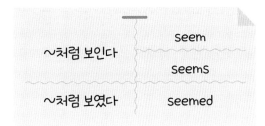

~처럼 보인다   seem
                seems
~처럼 보였다   seemed

긍정문

1. 너는 매우 행복해 보인다.

   ○   .

2. 그녀는 정직한 것 같아요.

   ○   .

3. 그의 개는 영리해 보여요.

   ○   .

4. 그 선생님은 매우 바빠 보였다.

   ○   .

5. 그들은 어제 피곤한 듯 보였어요.

   ○   yesterday .

6. 당신 형제들은 어젯밤 아파 보였어요.

   ○   last night .

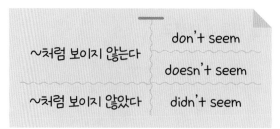

~처럼 보이지 않는다   don't seem

doesn't seem

~처럼 보이지 않았다   didn't seem

부정문

1. 그는 아파 보이지 않는다.

◌ _____ _____ _____ .

2. 그들은 친절해 보이지 않았어요.

◌ _____ _____ _____ .

3. 그 개는 배고픈 것 같지 않았다.

◌ _____ _____ _____ .

4. 그녀는 슬픈 것 같지 않다.

◌ _____ _____ _____ .

5. 네 친구들은 많이 바쁜 것 같지 않다.

◌ _____ _____ _____ .

6. 그녀의 오빠들은 피곤해 보이지 않았어요.

◌ _____ _____ _____ .

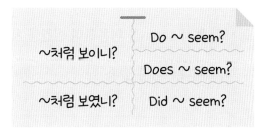

~처럼 보이니? Do ~ seem?

Does ~ seem?

~처럼 보였니? Did ~ seem?

의문문

1. 그들은 정직해 보여요?

   ◻ ⬜ ⬜ ⬜ ⬜ ?

2. 그 개는 배고픈 것처럼 보이니?

   ◻ ⬜ ⬜ ⬜ ?

3. 그의 형제들은 영리해 보이니?

   ◻ ⬜ ⬜ ⬜ ⬜ ?

4. 그들은 방과 후에 피곤한 듯 보였니?

   ◻ ⬜ ⬜ ⬜ ⬜ after school ?

5. 그 학생들은 무척 바빠 보였나요?

   ◻ ⬜ ⬜ ⬜ ⬜ ?

6. 그의 누나는 슬퍼 보이니?

   ◻ ⬜ ⬜ ⬜ ⬜ ?

REVIEW TEST

A. 우리말 뜻에 알맞게 be동사와 동사 seem을 이용하여 빈칸을 채우세요.

1.

~이다	~이 아니다, ~이지 않다	~이니?
_____ / are / is	am not / _____ /	_____ he/she/it ~?
~이었다	~이 아니었다, ~이지 않았다	~이니?
_____ / were	_____ / weren't	_____ you/we/they ~?
~일 것이다	~이지 않을 것이다	~이었니?
will _____	_____	Was/ _____ 주어 ~?

2.

~처럼 보인다	~처럼 보이지 않는다	~처럼 보이니?
seem / _____	don't/ _____ seem	_____ /Does ~ seem?
~처럼 보였다	~처럼 보이지 않았다	~처럼 보였니?
		Did ~ _____ ?
~처럼 보일 것이다	~처럼 보이지 않을 것이다	~처럼 보일 거니?
_____ seem		_____ ~ _____ ?

B. 주어진 단어를 순서대로 배열해 보세요.

> 문장의 첫 글자는 대문자로 쓰고,
> 문장 끝에 문장 부호를 쓰세요.

3. brothers | they | are | brave

_____

4. is | honest | he | student | an

_____

5. teacher | she | a | be | will

_____

6. weren't | sick | we | very

_____

C. 주어진 문장을 지시대로 바꾸어 쓰세요.

7. I am very hungry.

    부정문 ▷

8. They aren't silly and lazy.

    긍정문 ▷

9. He was free today.

    의문문 ▷

10. They seemed tired.

    부정문 ▷

D. 주어진 단어들을 이용하여 우리말에 맞게 문장을 완성해 보세요.

11. 나는 어제 정말 슬펐다. ·· really | yesterday

    ▷

12. 그녀는 지난주에 많이 바빴니? ···························· busy | last week

    ▷

13. 그의 형제들은 영리해 보이지 않는다. ·································· smart

    ▷

맞힌 개수 : /13 개

재료 준비하기   본 학습에 들어가기 전에 다음 단어들을 꼭 기억해 두세요.

명사

- ☑ boy 소년
- ○ girl 소녀
- ○ man 남자
- ○ men 남자들
- ○ hand 손
- ○ stone 돌
- ○ feather 깃털
- ○ lotion 로션

- 셀 수 없는 명사 -

- ○ air 공기
- ○ bread 빵
- ○ cloth 천
- ○ water 물
- ○ skin 피부

부사

- ○ really 정말
- ○ so 매우

지시 형용사

- ○ this 이(복수형: these)
- ○ that 저(복수형: those)

두 번째 동사

feel

단어 & 문장 듣기

형용사

- good 좋은
- happy 행복한
- poor 불쌍한
- tired 피곤한
- bored 지루한
- sorry 미안한
- sleepy 졸린
- upset 속상한

- full 배부른
- hungry 배고픈
- new 새로운, 새
- old 나이 든, 오래된
- little 어린
- warm 따뜻한
- cold 차가운
- wet 젖은

- soft 부드러운
- rough 거친
- hard 딱딱한
- smooth 매끄러운
- fresh 상쾌한
- sticky 끈적거리는
- white 흰색의, 흰, 하얀
- round 둥근

Step 1
문장의 뼈대 만들기 I feel과 don't feel

개념 쏙쏙 부모님이나 선생님, 친구와 역할을 나눠서 읽어 보세요.

❶ 민준이는 오늘 기분이 어때요?

새로운 동사를 배울 생각에 기분이 좋아요!

❷
호호호, 그렇군요. '기분이 어떻다'고 표현할 땐 동사 feel을 이용해요.

❸ '나는 좋은 기분을 느낀다.' 즉 '나는 기분이 좋다.'를 말해 볼까요?

음, I feel good.

❹ 한 번에 맞혔네요! good, sleepy, tired 같은 단어는 형용사니까 꼭 동사와 함께 써야 해요.

주어 + feel + 보어

❺ 민준이는 새의 깃털을 만져 본 적이 있어요?

그럼요! 아주 부드러웠어요.

❻ '그 깃털들은 촉감이 부드럽다.' 는 어떻게 말할까요?

feel은 기분을 나타내는 동사인데 이때도 feel을 써요?

❼
동사 feel에는 '촉감이 ~하다'란 뜻도 있어요. 손으로 만져 본 느낌을 말할 때 사물을 주어로 해서 쓸 수 있어요.

❽ 그럼, The feathers feel soft.

feel의 두 가지 뜻

1) (~한 기분을) 느끼다
2) 촉감이 ~하다

❾ Wonderful! 이번엔 '그 깃털들은 촉감이 부드럽지 않다.'를 표현해 볼까요?

부정문이니까 do not, 줄여서 don't를 붙여서 The feathers don't feel soft.

❿ Super!

46 기적의 영어문장 만들기 ❷권

❶ feel (~한 기분을) 느낀다 / don't feel (~한 기분을) 느끼지 않는다

사람의 감정을 표현할 때 feel 동사를 써요. 이때 주어가 I, You, We, They이거나 복수 명사일 경우엔
동사원형 그대로, 부정문을 만들 땐 do의 도움을 빌려서 don't feel로 표현해요.

나는 기분이 좋다.(좋은 + 느끼다)	I **feel** good.
우리는 졸리다.(졸린 + 느끼다)	We **feel** sleepy.
그들은 피곤하지 않다.(피곤한 + 느끼지 않다)	They **don't feel** tired.

❷ feel 촉감이 ~하다 / don't feel 촉감이 ~하지 않다

사물의 촉감이 어떠한지를 표현할 때도 feel 동사를 써요.

그 돌들은 촉감이 거칠다.(거친 + 촉감이 ~하다)	The stones **feel** rough.
그 깃털들은 촉감이 부드럽다.(부드러운 + 촉감이 ~하다)	The feathers **feel** soft.
너의 손은 따뜻하지 않다.(따뜻한 + 촉감이 ~하지 않다)	Your hands **don't feel** warm.

연습팍팍 각각의 블록을 합체하여 문장을 만들어 보세요.

주어(S)

| I |
| We |
| They |
| The stones |
| The feathers |
| Your hands |

동사(V)

| feel |
| don't feel |

보어(C)

| good |
| sleepy |
| tired |
| rough |
| soft |
| warm |

1.

나는   (~한 기분을) 느낀다   좋은 .

2.

우리는   (~한 기분을) 느끼지 않는다   졸린 .

3.

그들은   (~한 기분을) 느낀다   피곤한 .

4.

나는   (~한 기분을) 느끼지 않는다   좋은 .

5.

그 돌들은   촉감이 ~하다   거친 .

6.

그 깃털들은   촉감이 ~하지 않다   부드러운 .

7.

너의 손은   촉감이 ~하다   따뜻한 .

8.

그 돌들은   촉감이 ~하지 않다   거친 .

개념 쏙쏙 부모님이나 선생님, 친구와 역할을 나눠서 읽어 보세요.

❶ 지난 시간에 배운 feel은 어떤 주어와 함께 썼죠?

I, You, We, They랑 복수 명사들이요.

❷ Great! 주어가 하나만을 나타내는 단수 명사일 땐 동사 형태가 어떻게 바뀔까요?

주어가 단수일 땐 -s를 붙여야 하니까 feels로 변해요.

feel + s

❸ **주어 + feels + 보어**

Very good! 이제 문장을 만들어 봐요. '그 소년은 지루한 기분을 느낀다.' 즉 '그 소년은 지루해한다.'를 말해 볼까요?

The boy feels bored.

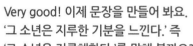
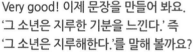

❹ 이번엔 촉감을 표현해 볼까요? feel은 만져 본 것을 나타내는 동사에요. 얼음물에 발을 담그는 상상을 해봐요. 그 느낌이 어떨까요?

❺ 생각만 해도 차가워요.
The water feels cold!
공기가 차가울 때는
The air feels cold.

Wonderful! 마지막으로 딱 하나만 더! '공기가 상쾌하지 않다.'는 어떻게 표현할까요?

❻ '상쾌하지 않다'니까 does의 도움을 받아서 does not, 줄여서 doesn't. 그러니까 The air doesn't feels fresh.

어? doesn't 뒤에 오는 동사는 모양이 바뀌지 않는다고 했는데?

❼ 아차! 실수!
The air doesn't feel fresh.

doesn't 뒤에는 항상 동사원형을 써 줘야 한다는 거, 잊지 마세요!

정리착착 단어 블록을 합체하여 문장 구조를 정리해 보세요.

❶ feels (~한 기분을) 느낀다 / doesn't feel (~한 기분을) 느끼지 않는다

주어가 단수 명사일 경우엔 동사에 -s를 붙여 feels로 써요. 부정문을 만들 땐 does의 도움을 받아서 doesn't feel을 합체하면 돼요.

그 소년은 배고프다.(배고픈 + 느끼다)	The boy **feels** hungry.
그 소녀는 속상해한다.(속상한 + 느끼다)	The girl **feels** upset.
그 남자는 지루해하지 않는다.(지루한 + 느끼지 않다)	The man **doesn't feel** bored.

❷ feels 촉감이 ~하다 / doesn't feel 촉감이 ~하지 않다

촉감을 표현할 때도 단수 명사일 경우엔 feels를 써요. 부정문을 만들 땐 doesn't feel을 합체하면 돼요.

그 물은 차갑다.(차가운 + 촉감이 ~하다)	The water **feels** cold.
그 천은 젖었다.(젖은 + 촉감이 ~하다)	The cloth **feels** wet.
공기가 상쾌하지 않다.(상쾌한 + 촉감이 ~하지 않다)	The air **doesn't feel** fresh.

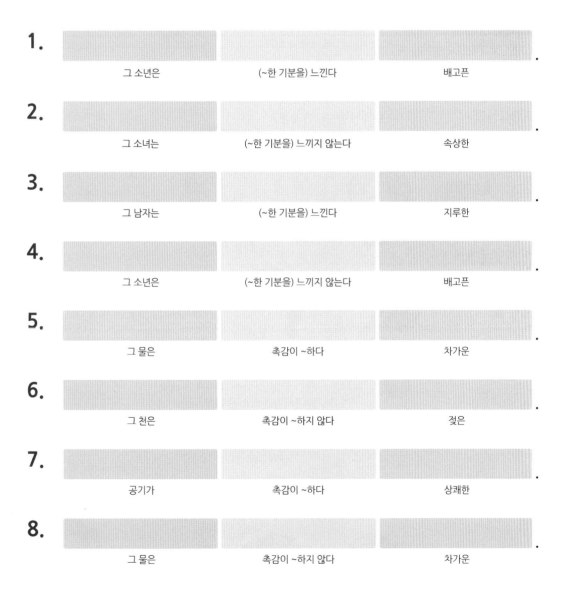

1.

　그 소년은　　　　　(~한 기분을) 느낀다　　　　배고픈

2.

　그 소녀는　　　　(~한 기분을) 느끼지 않는다　　　속상한

3.

　그 남자는　　　　　(~한 기분을) 느낀다　　　　지루한

4.

　그 소년은　　　　(~한 기분을) 느끼지 않는다　　　배고픈

5.

　그 물은　　　　　　촉감이 ~하다　　　　　차가운

6.

　그 천은　　　　　촉감이 ~하지 않다　　　　젖은

7.

　공기가　　　　　　촉감이 ~하다　　　　　상쾌한

8.

　그 물은　　　　　촉감이 ~하지 않다　　　　차가운

개념 쏙쏙 부모님이나 선생님, 친구와 역할을 나눠서 읽어 보세요.

① 선생님! feel은 과거형이 felt 라구요? 규칙 변화가 많다고 하시더니 그게 아니잖아요!

호호호, 걱정 말아요. 지금 배우는 동사 몇 개만 불규칙하게 변하는 거니까 이것들만 주의하면 돼요.

② 오늘 공부할 felt는 문장 뼈대를 어떻게 만들까요?

보나마나 <주어 + felt + 보어>겠죠.

주어 + felt + 보어

③ That's right! '그는 배가 부르다고 느꼈다.' 즉 '그는 배가 불렀다.'를 말해 볼까요?

He felts full.

④ felt는 과거 동사니까 -s를 붙여 줄 필요가 없겠죠?

아, 그렇지! He felt full.

feel의 과거형은 felt! 과거 동사는 주어가 무엇이든 모양이 변하지 않아요.

⑤ Good! 이번엔 felt의 다른 뜻을 이용해서 '그 로션은 끈적거렸다.'를 표현해 볼까요?

The lotion felt sticky.

⑥ Great! 마지막으로, '그 빵은 딱딱하지 않았다.'를 말해 봐요.

과거 부정문이니까 did의 도움을 받아서 did not, 줄여서 didn't. 정답은 The bread didn't felt hard!

⑦ 이런, didn't 뒤에서는 동사의 모양이 변하지 않는다고 했죠?

저도 알아요. didn't feel!

didn't + 동사원형

⑧ 그러니까 The bread didn't feel hard.

Very good!

정리착착 단어 블록을 합체하여 문장 구조를 정리해 보세요.

① **felt** (~한 기분을) 느꼈다 / **didn't feel** (~한 기분을) 느끼지 않았다

'(~한 기분을) 느꼈다'라고 할 땐 주어가 무엇이든 felt를 써요. 반대로, '(~한 기분을) 느끼지 않았다'라고 할 땐 did의 도움을 받아서 didn't feel이라고 해요.

나는 행복했다.   I **felt** happy.

우리는 배가 불렀다.   We **felt** full.

그 소녀는 미안해하지 않았다.   The girl **didn't feel** sorry.

② **felt** 촉감이 ~했다 / **didn't feel** 촉감이 ~하지 않았다

'촉감이 ~했다'라고 할 때도 felt를 써요. '촉감이 ~하지 않았다'는 didn't feel을 합체하면 돼요.

그 로션은 끈적거렸다.   The lotion **felt** sticky.

그녀의 피부는 매끄러웠다.   Her skin **felt** smooth.

그 빵은 딱딱하지 않았다.   The bread **didn't feel** hard.

연습 팍팍 각각의 블록을 합체하여 문장을 만들어 보세요.

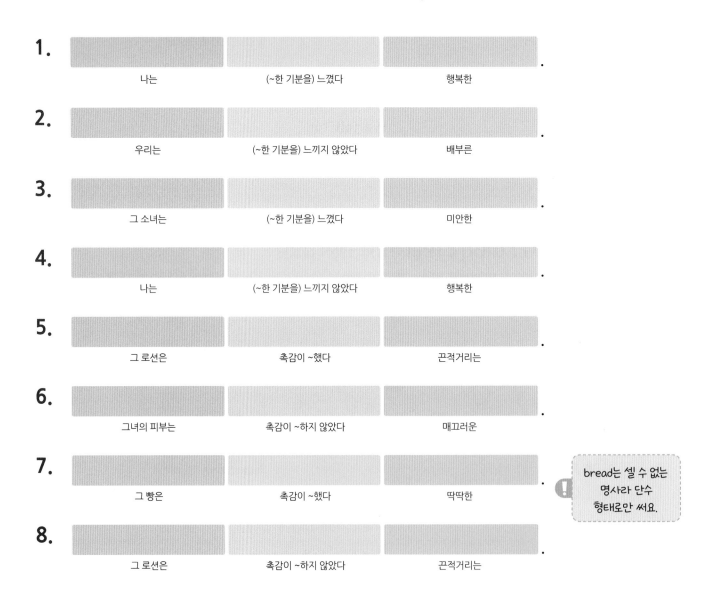

1. _____ _____ _____ .
   나는   (~한 기분을) 느꼈다   행복한

2. _____ _____ _____ .
   우리는   (~한 기분을) 느끼지 않았다   배부른

3. _____ _____ _____ .
   그 소녀는   (~한 기분을) 느꼈다   미안한

4. _____ _____ _____ .
   나는   (~한 기분을) 느끼지 않았다   행복한

5. _____ _____ _____ .
   그 로션은   촉감이 ~했다   끈적거리는

6. _____ _____ _____ .
   그녀의 피부는   촉감이 ~하지 않았다   매끄러운

7. _____ _____ _____ .
   그 빵은   촉감이 ~했다   딱딱한

bread는 셀 수 없는 명사라 단수 형태로만 써요.

8. _____ _____ _____ .
   그 로션은   촉감이 ~하지 않았다   끈적거리는

개념 쏙쏙 부모님이나 선생님, 친구와 역할을 나눠서 읽어 보세요.

❶ 명사의 의미를 한정하는 a, my, the를 명사 앞에 붙일 땐 그 중 한 가지만 붙일 수 있었어요. this나 that도 마찬가지예요.

this나 that은 a, the, my와 함께 쓸 수 없어요!

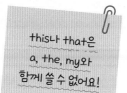

❷ this boy, a boy, the boy, that boy 이렇게만 써야 하는 거죠?

That's it!

❸ 오늘은 the, this와 that, 그리고 형용사로 명사에 살을 붙여 봐요. '이 어린 소년'을 말해 볼까요?

this little boy!

❹ Great! 명사에 살을 붙일 땐 우리말과 순서가 같았죠? 이번엔 '저 불쌍한 소녀'를 말해 봐요.

that poor girl!

the/this/that + 형용사 + 명사

❺ '그 나이 든 남자' 즉 '그 할아버지'도 해볼까요?

the old man!

❻ Terrific! 이번엔 '이 새 로션들'을 말해 볼까요?

우리말 순서대로 하면 되니까 this new lotions라고 하면 되겠죠?

❼ lotions는 로션이 여러 개인 걸 나타내니까 this와 함께 쓸 수 없어요. this의 복수 표현이 뭐였죠?

❽ 아, these요! these new lotions.

That's it! 하나만 더 해볼까요? '저 어린 소년들'!

❾ 영어는 단수, 복수를 너무 따지는 것 같아요. that의 복수형은 those니까 those little boys.

this/that + 단수 명사

these/those + 복수 명사

정리착착 단어 블록을 합체하여 문장 구조를 정리해 보세요.

❶ the/this/that + 형용사 + 단수 명사

관사 the와 '이', '저'를 나타내는 지시 형용사 this, that 뒤에 형용사를 합체하여 명사를 꾸며 줄 수 있어요.

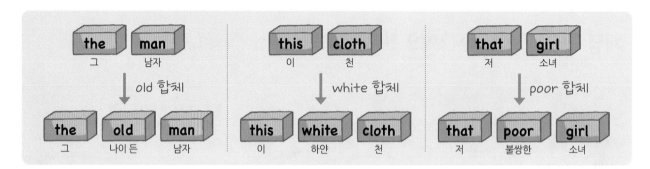

그 노인은 피곤했다.   **The old man** felt tired.

이 하얀 천은 촉감이 좋다.   **This white cloth** feels good.

저 불쌍한 소녀는 배고팠다.   **That poor girl** felt hungry.

❷ the/these/those + 형용사 + 복수 명사

주어가 여럿일 때, 즉 복수 명사일 경우엔 this를 these로, that을 those로 바꿔서 표현해요.

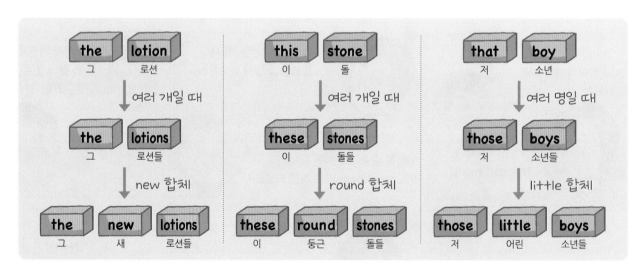

그 새 로션들은 끈적거린다.   **The new lotions** feel sticky.

이 둥근 돌들은 매끄럽다.   **These round stones** feel smooth.

저 어린 소년들은 졸렸다.   **Those little boys** felt sleepy.

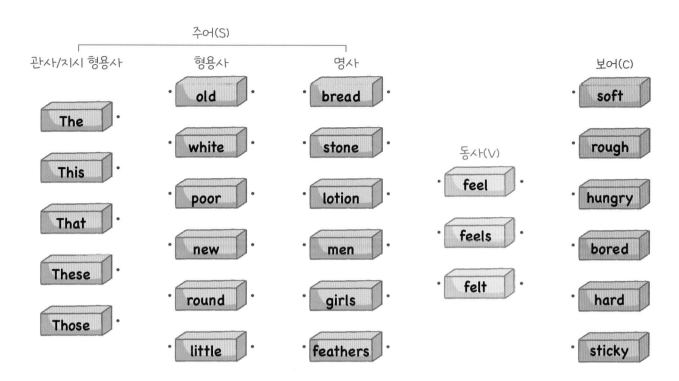

1. 그 흰 로션은 끈적거렸다.

2. 이 오래된 빵은 딱딱하다.

3. 저 둥근 돌은 거칠다.

4. 그 어린 소녀들은 지루했다.

5. 이 불쌍한 남자들은 배고팠다.

6. 저 새 깃털들은 부드럽다.

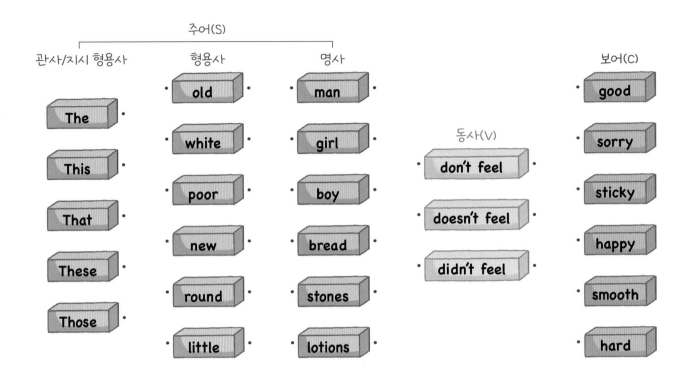

1. 그 불쌍한 소녀는 기분이 좋지 않았다.

2. 이 둥근 돌들은 매끄럽지 않다.

3. 저 노인은 미안해하지 않는다.

4. 저 새 로션들은 끈적거리지 않았다.

5. 이 어린 소년은 행복해하지 않는다.

6. 저 하얀 빵은 딱딱하지 않았다.

Step 2

문장에 살 붙이기 Ⅱ 부사와 부사구

개념 쏙쏙 부모님이나 선생님, 친구와 역할을 나눠서 읽어 보세요.

① 밥을 너무 많이 먹었나 봐요. 정말 배가 불러요.

'나는 정말 배가 부르다.'를 영어로 말해 볼까요?

② '정말'은 really니까 I feel full really.

부사 + 형용사

really와 so 같은 부사는 꾸며 주는 형용사 앞에 와야 해요.

부사가 형용사를 꾸며 줄 땐 형용사 바로 앞에 부사가 와야 해요.

③ 아하! 그럼 I feel really full.

Very good! '공기가 매우 차갑다.'를 말해 볼까요?

④ 부사는 형용사 앞에 와야 하니까 The air feels so cold.

Good job!

⑤ 이번엔 문장 맨 뒤에 all the time, at that time과 같은 부사구를 붙여 봐요. '나는 항상 배고프다.'는 어떻게 표현할까요?

나는 + 배고프다 + 항상

⑥ Great! '나는 그 당시에 배고팠다.'는 어떻게 말할까요?

I feel hungry all the time.

⑦ feel의 과거형인 felt를 써서 I felt hungry at that time.

Great job! 마지막 문제! '나는 더 이상 배고프지 않다.'를 말해 봐요.

⑧ 그럼, 부정문이 돼야 하니까 do의 도움을 받아서 don't feel. 그러니까 I don't feel hungry anymore.

Perfect!

정리착착 단어 블록을 합체하여 문장 구조를 정리해 보세요.

① 부사 + 형용사

촉감이 어떠한지를 표현하는 형용사 앞에 really나 so 같은 부사를 합체하여 강조할 수 있어요.

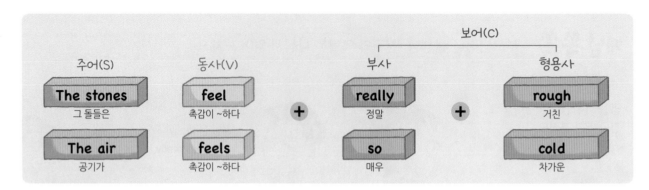

그 돌들은 **정말** 거칠다.	The stones feel **really** rough.
공기가 **매우** 차갑다.	The air feels **so** cold.

② 부사(구)

문장 맨 뒤에 다양한 부사나 부사구를 합체해 봐요. anymore(더 이상)와 at all(전혀)은 not이 들어간 부정문에서 함께 써요.

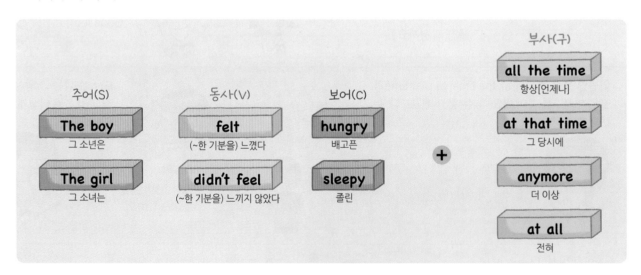

그 소년은 **항상** 배고팠다.	The boy felt hungry **all the time**.
그 소녀는 **그 당시에** 배고팠다.	The girl felt hungry **at that time**.
그 소년은 **더 이상** 졸리지 않았다.	The boy didn't feel sleepy **anymore**.
그 소녀는 **전혀** 졸리지 않았다.	The girl didn't feel sleepy **at all**.

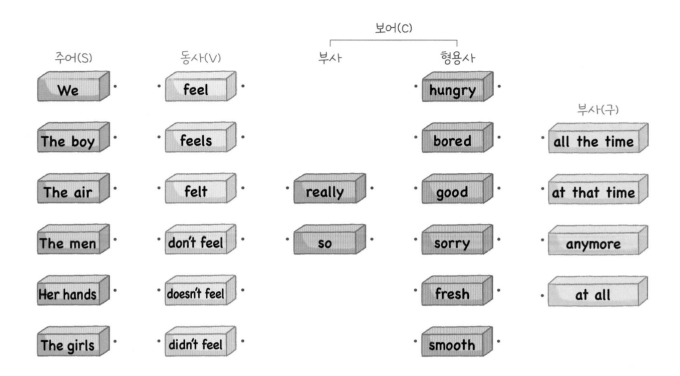

1. 우리는 기분이 정말 좋았다.

   ◌ _____ _____ _____ _____ .

2. 공기가 무척 상쾌하다.

   ◌ _____ _____ _____ _____ .

3. 그 소년은 더 이상 지루해하지 않는다.

   ◌ _____ _____ _____ _____ .

4. 그 남자들은 그 당시에 배고프지 않았다.

   ◌ _____ _____ _____ _____ .

5. 그녀의 손은 언제나 매끄럽다.

   ◌ _____ _____ _____ _____ .

6. 그 소녀들은 전혀 미안해하지 않는다.

   ◌ _____ _____ _____ _____ .

슈퍼 문장 만들기

연습 팍팍 문장 뼈대에 살을 붙여가면서 슈퍼 문장을 만들어 보세요.

1) 주어 자리의 명사에 형용사로 살을 붙일 땐 〈관사/지시 형용사 + 형용사 + 명사〉의 순서로 써요.
2) 형용사 앞에 부사 really나 so를 붙일 수 있어요.
3) 문장 끝에는 all the time, at that time, anymore, at all과 같은 부사나 부사구를 붙여요.

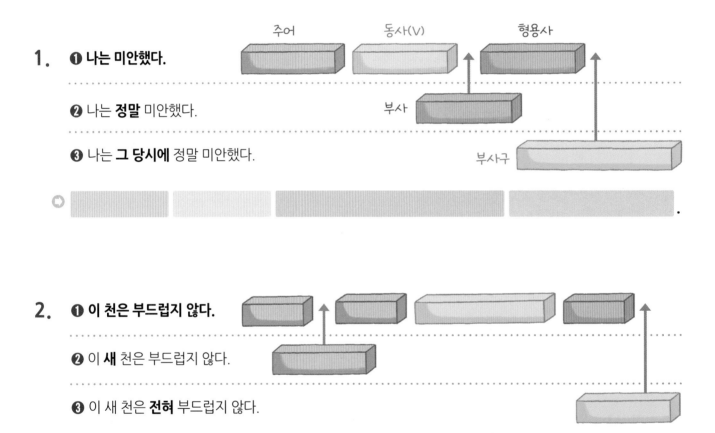

1. ❶ 나는 미안했다.

   ❷ 나는 **정말** 미안했다.

   ❸ 나는 **그 당시에** 정말 미안했다.

2. ❶ 이 천은 부드럽지 않다.

   ❷ 이 **새** 천은 부드럽지 않다.

   ❸ 이 새 천은 **전혀** 부드럽지 않다.

3. ❶ 저 돌들은 거칠다.

❷ 저 **둥근** 돌들은 거칠다.

❸ 저 둥근 돌들은 **매우** 거칠다.

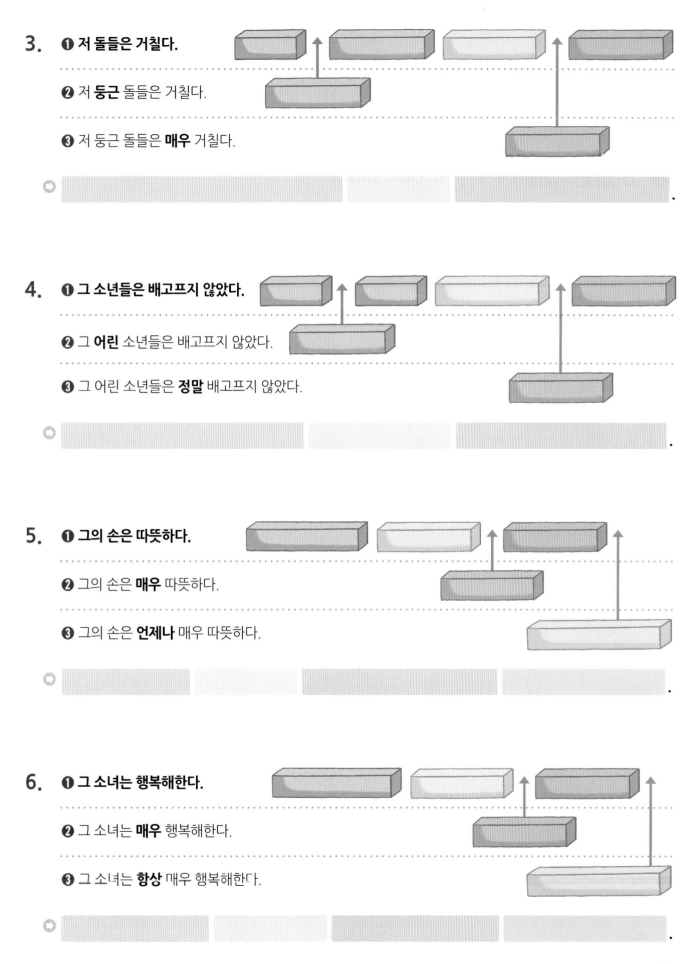

4. ❶ 그 소년들은 배고프지 않았다.

❷ 그 **어린** 소년들은 배고프지 않았다.

❸ 그 어린 소년들은 **정말** 배고프지 않았다.

5. ❶ 그의 손은 따뜻하다.

❷ 그의 손은 **매우** 따뜻하다.

❸ 그의 손은 **언제나** 매우 따뜻하다.

6. ❶ 그 소녀는 행복해한다.

❷ 그 소녀는 **매우** 행복해한다.

❸ 그 소녀는 **항상** 매우 행복해한다.

의문문 만들기

① Do/Does/Did + 사람 주어 + feel?

'(~한 기분을) 느끼니?, 느꼈나요?'라고 감정에 대해 물을 땐 사람을 주어로 해요.

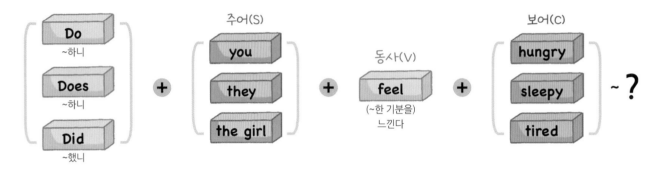

1. 너는 졸리니?

⇨ [_____] [_____] [_____] [_____] ?   No, I don't.

2. 그 소녀는 정말 배고프니?

⇨ [_____] [_____] [_____] [_____] [_____] ?   Yes, she does.

3. 그들은 항상 피곤한가요?

⇨ [_____] [_____] [_____] [_____] all the time ?   Yes, they do.

② Do/Does/Did + 사물 주어 + feel?

'촉감이 ~하니?, 촉감이 ~했어요?'라고 물을 땐 사물을 주어로 해요.

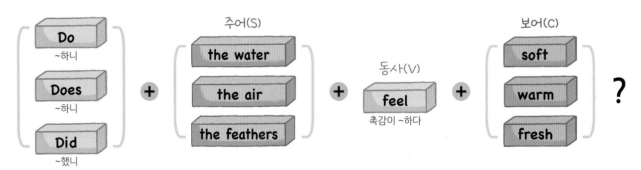

1. 그 물은 따뜻해요?

◌ ⬚⬚⬚⬚⬚⬚ ⬚⬚⬚⬚⬚⬚⬚⬚⬚ ⬚⬚⬚⬚⬚⬚ ⬚⬚⬚⬚⬚⬚⬚ ? ◄ Yes, it does.

2. 공기는 상쾌했나요?

◌ ⬚⬚⬚⬚⬚⬚ ⬚⬚⬚⬚⬚⬚⬚⬚⬚ ⬚⬚⬚⬚⬚⬚ ⬚⬚⬚⬚⬚⬚⬚ ? ◄ No, it didn't.

3. 그 깃털들은 부드럽니?

◌ ⬚⬚⬚⬚⬚⬚ ⬚⬚⬚⬚⬚⬚⬚⬚⬚ ⬚⬚⬚⬚⬚⬚ ⬚⬚⬚⬚⬚⬚⬚ ? ◄ Yes, they do.

❸ How + do/does/did + 사람 주어 + feel?

'(기분이) 어때?, 어땠어요?'라고 물을 땐 상태를 묻는 의문사 How를 문장 맨 앞에 써 줘요. 감정에 대해 묻는 거니까 주어는 사람이어야 해요.

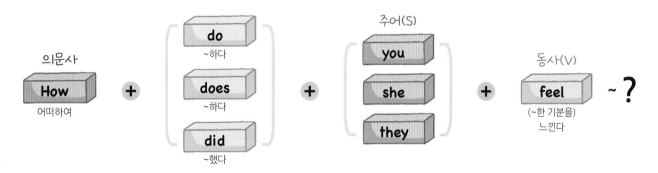

1. 그녀는 기분이 어때요?

◌ ⬚⬚⬚⬚⬚ ⬚⬚⬚⬚⬚ ⬚⬚⬚⬚⬚ ⬚⬚⬚⬚⬚ ? ◄ She feels OK.

2. 너는 이제 좀 어때?

◌ ⬚⬚⬚⬚⬚ ⬚⬚⬚⬚⬚ ⬚⬚⬚⬚⬚ ⬚⬚⬚⬚⬚ now ? ◄ I feel good.

3. 그들은 오늘 기분이 어때?

◌ ⬚⬚⬚⬚⬚ ⬚⬚⬚⬚⬚ ⬚⬚⬚⬚⬚ today ? ◄ Not so bad.

④ How + do/does/did + 사물 주어 + feel?

'촉감이 어때?, 촉감이 어땠어요?'라고 물을 때도 상태를 묻는 의문사 How를 문장 맨 앞에 써요. 단, 촉감에 대해 묻는 거니까 사물이 주어가 돼요.

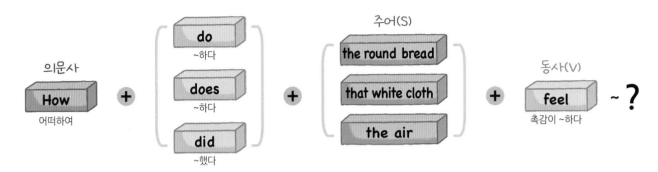

1. 그 둥근 빵은 촉감이 어때?

   ⟶ [　　　　] [　　　　] [　　　　] [　　　　] ?

   > It feels really soft.

2. 저 하얀 천은 촉감이 어땠어요?

   ⟶ [　　　　] [　　　　] [　　　　] [　　　　] ?

   > It felt so soft.

3. 어제 공기가 어땠니?

   ⟶ [　　　　] [　　　　] [　　　　] [　　　　] yesterday ?

   > It felt really fresh.

CHALLENGE!

동사 look을 이용하여 문장을 만들어 보세요.

~해 보인다   look

    looks

~해 보였다   looked

긍정문

1. 너는 매우 추워 보여.

    ○   .

2. 그 아이들은 정말 졸려 보였다.

    ○   .

3. 그 하얀 천은 정말 부드러워 보여요.

    ○   .

4. 이 어린 소녀들은 매우 배고파 보여요.

    ○   .

5. 그녀는 항상 피곤해 보여요.

    ○   .

6. 그 소년들은 그 당시에 행복해 보였다.

    ○   .

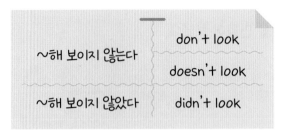

~해 보이지 않는다   don't look

doesn't look

~해 보이지 않았다   didn't look

부정문

1. 그는 좋아 보이지 않는다.

   ▷   .

2. 이 돌들은 거칠어 보이지 않는다.

   ▷   .

3. 그 물은 따뜻해 보이지 않았다.

   ▷   .

4. 그 아이들은 더 이상 졸려 보이지 않는다.

   ▷  .

5. 그들은 그 당시에 미안해 보이지 않았다.

   ▷  .

6. 그 천은 전혀 새것처럼 보이지 않는다.

   ▷  .

	~해 보이니?	Do ~ look?
		Does ~ look?
	~해 보였니?	Did ~ look?
	어떻게 보이니[보였니]?	How do[does/did] ~ look?

의문문

1. 그 아이들은 어때 보여?

○ ▢ ▢ ▢ ▢ ?

2. 그 소녀는 지금 지루해 보이니?

○ ▢ ▢ ▢ ▢ now ?

3. 그 노인은 정말 추워 보였니?

○ ▢ ▢ ▢ ▢ ?

4. 그녀의 친구는 오늘 어때 보여요?

○ ▢ ▢ ▢ ▢ today ?

5. 그들은 항상 행복해 보이나요?

○ ▢ ▢ ▢ ▢ ▢ ?

6. 그 여자는 그 당시에 어때 보였어요?

○ ▢ ▢ ▢ ▢ ▢ ?

A. 우리말 뜻에 알맞게 동사 feel과 look을 이용하여 빈칸을 채우세요.

1.

(~한 기분을) 느낀다	(~한 기분을) 느끼지 않는다	(~한 기분을) 느끼니?
_____ / feels	_____/doesn't feel	Do/_____ ~ feel?
(~한 기분을) 느꼈다	(~한 기분을) 느끼지 않았다	(~한 기분을) 느꼈니?
_____	_____ feel	Did ~ _____?
(~한 기분을) 느낄 것이다	(~한 기분을) 느끼지 않을 것이다	기분이 어때[어땠니]?
_____ feel	_____ feel	How do/does/did ~ _____?

2.

~해 보인다	~해 보이지 않는다	~해 보이니?
look / _____	don't/_____ look	_____/Does ~ look?
~해 보였다	~해 보이지 않았다	~해 보였니?
_____	_____	Did ~ _____?
~해 보일 것이다	~해 보이지 않을 것이다	어떻게 보이니[보였니]?
_____ look	_____	How do/does/did ~ _____?

B. 주어진 단어를 순서대로 배열해 보세요.

> 문장의 첫 글자는 대문자로 쓰고, 문장 끝에 문장 부호를 쓰세요.

3. girl | upset | feels | the

   _____

4. feathers | the | soft | feel

   _____

5. feel | the | don't | sleepy | men

   _____

6. so | girl | looks | happy | the

   _____

C. 주어진 문장을 지시대로 바꾸어 쓰세요.

7. We felt full.

   부정문

8. This new lotion doesn't feel sticky.

   긍정문

9. You feel bored.

   의문문

10. He looked so sorry.

    부정문

D. 주어진 단어들을 이용하여 우리말에 맞게 문장을 완성해 보세요.

11. 그녀는 항상 피곤해 보인다. ·································· all the time

12. 그 물은 따뜻해 보이지 않았다. ·································· warm

13. 그 아이들은 어때 보여? ·································· how

맞힌 개수 :

/**13** 개

재료 준비하기 본 학습에 들어가기 전에 다음 단어들을 꼭 기억해 두세요.

명사

- ✔ apple 사과
- ○ grape 포도
- ○ banana 바나나
- ○ pie 파이
- ○ walnut 호두
- ○ cookie 쿠키
- ○ sandwich 샌드위치

- 셀 수 없는 음식 -
- ○ cake 케이크
- ○ bread 빵
- ○ pizza 피자
- ○ salad 샐러드
- ○ chicken 닭, 닭고기
- ○ soup 수프, 국, 탕

- ○ milk 우유
- ○ juice 주스
- ○ coffee 커피
- ○ honey 꿀
- ○ butter 버터
- ○ cheese 치즈
- ○ chocolate 초콜릿

세 번째 동사

taste

단어 & 문장 듣기

형용사

- ◯ good 좋은
- ◯ sweet 단
- ◯ salty 짠
- ◯ sour 신
- ◯ spicy 매운, 매콤한(= hot)
- ◯ bitter 쓴
- ◯ fresh 신선한
- ◯ funny 이상한
- ◯ awful 형편없는

부사

- ◯ a little 약간
- ◯ very 매우
- ◯ too 너무

지시 대명사/지시 형용사

- ◯ this 이것, 이(복수형: these)
- ◯ that 저것, 저(복수형: those)
- ◯ it 그것(복수형: they)

Step 1

문장의 뼈대 만들기 ❶ taste와 don't taste

개념 쏙쏙 부모님이나 선생님, 친구와 역할을 나눠서 읽어 보세요.

① 선생님! 아까 먹은 파이들이요, 맛이 형편없는 것 같아요.

그래요? 그 말을 들으니 동사 taste가 생각나네요.

② taste요?

taste는 '맛보다, (~한) 맛이 나다'란 뜻의 동사인데, <주어 + taste + 보어>의 뼈대가 필요해요.

주어 + taste + 보어

③ 첫 번째 문제! '그 파이들은 맛이 형편없다.'는 어떻게 표현할까요?

The pies taste awful.

④ Very good! 이번엔 '이 바나나들은 달다.'를 말해 볼까요?

These bananas taste sweet.

⑤ 근데, 전 자꾸 형용사랑 동사가 헷갈려요.

⑥ 걱정 말아요! 형용사가 나올 때마다 하나씩 잘 익혀 두면 헷갈리지 않을 거예요. 자, 이번엔 '이 바나나들은 달지 않다.'를 말해 볼까요?

sweet, sour, awful 모두 형용사니까 앞에 꼭 동사가 나와야 한다는 거 잊지 말기!

⑦ '달지 않다'니까 doesn't를 붙여서 These bananas doesn't taste sweet.

doesn't는 주어가 단수일 때 썼죠? 근데, These bananas는 복수 주어니까 어떻게 해야죠?

⑧ 아, 맞다! don't를 붙여야 해요. These bananas don't taste sweet.

⑨ Good! 하나만 더 해볼까요? '저 사과들은 신맛이 나지 않는다.'를 말해 봐.

⑩ Those apples don't taste sour.

Super!

❶ taste (~한) 맛이 난다

주어가 복수 명사일 땐 동사원형인 taste를 써요.

이 바나나들은 단맛이 난다.

저 사과들은 신맛이 난다.

그 파이들은 맛이 형편없다.
(형편없는 + 맛이 난다)

These bananas **taste** sweet.

Those apples **taste** sour.

The pies **taste** awful.

> 셀 수 있는 명사는
> 단수와 복수 형태가 있어요.
> pie(파이) — pies(파이들)
> apple(사과) — apples(사과들)

❷ don't taste (~한) 맛이 나지 않는다

'(~한) 맛이 나지 않는다'라고 할 땐 do의 도움을 받아서 don't taste로 표현해요.

이것들은 단맛이 나지 않는다.

저것들은 신맛이 나지 않는다.

그것들은 맛이 형편없지 않다.
(형편없는 + 맛이 나지 않는다)

These **don't taste** sweet.

Those **don't taste** sour.

They **don't taste** awful.

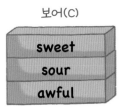

연습팍팍 각각의 블록을 합체하여 문장을 만들어 보세요.

주어(S)

These bananas
Those apples
The pies
These
Those
They

동사(V)

taste
don't taste

보어(C)

sweet
sour
awful

1.

이 바나나들은   (~한) 맛이 난다   단

2.

저 사과들은   (~한) 맛이 나지 않는다   신

3.

그 파이들은   (~한) 맛이 난다   형편없는

4.

이것들은   (~한) 맛이 나지 않는다   단

5.

저것들은   (~한) 맛이 난다   신

6.

그것들은   (~한) 맛이 나지 않는다   형편없는

7.

그 파이들은   (~한) 맛이 난다   신

8.

저 사과들은   (~한) 맛이 나지 않는다   단

9.

이것들은   (~한) 맛이 난다   형편없는

개념 쏙쏙   부모님이나 선생님, 친구와 역할을 나눠서 읽어 보세요.

❶ 오늘은 지난 시간에 배운 것부터 먼저 복습해 볼까요? taste의 문장 뼈대가 어떻게 된다고 했죠?

〈주어 + taste + 보어〉요!

❷ 그럼, 주어로 어떤 것들을 썼는지도 기억해요?

그럼요. These bananas, Those apples, The pies였잖아요.

❸ 주어가 모두 복수였죠? 근데, 만일 주어가 pizza, chicken, soup과 같은 단수가 되면 동사는 어떻게 바뀔까요?

❹ 어…, 주어가 단수일 때 동사 뒤에 -s를 붙여야 하니까 tastes가 돼요.

주어 + tastes + 보어

❺ Wonderful! '그 수프는 짜다.'를 한번 말해 볼까요? '짠'은 salty예요.

The soup tastes salty.

❻ 이번엔 '그 수프는 맛이 좋지는 않다.'를 해볼까요?

The soup isn't taste.

❼ 어? 저번 시간엔 잘하더니 헷갈리죠?

❽ 다시 정리해 봐요. 일반 동사의 부정문에는 don't 또는 doesn't를 붙여요. 주어가 3인칭 단수일 땐 doesn't를 써요.

3인칭 단수 주어 + doesn't

❾ 헤헤, 제가 실수를 했네요. The soup doesn't taste good.

That's it!

1 tastes (~한) 맛이 난다

주어가 단수일 경우엔 동사에 -s를 붙여서 tastes로 써요.

이 피자는 맛이 좋다.	This pizza **tastes** good.
저 닭고기는 맵다.	That chicken **tastes** spicy.
그 수프는 짜다.	The soup **tastes** salty.

2 doesn't taste (~한) 맛이 나지 않는다

'(~한) 맛이 나지 않는다'라고 할 땐 does의 도움을 받아서 doesn't taste로 표현해요.

이것은 맛이 좋지 않다.	This **doesn't taste** good.
저것은 맵지 않다.	That **doesn't taste** spicy.
그것은 짜지 않다.	It **doesn't taste** salty.

주어(S)

This pizza
That chicken
The soup
This
That
It

동사(V)

tastes
doesn't taste

보어(C)

good
spicy
salty

1.

이 피자는 　　　　　 (~한) 맛이 난다 　　　　　 좋은

2.

저 닭고기는 　　　　　 (~한) 맛이 나지 않는다 　　　　　 매운

3.

그 수프는 　　　　　 (~한) 맛이 난다 　　　　　 짠

4.

이것은 　　　　　 (~한) 맛이 나지 않는다 　　　　　 매운

5.

저것은 　　　　　 (·한) 맛이 난디 　　　　　 좋은

6.

그것은 　　　　　 (~한) 맛이 나지 않는다 　　　　　 짠

7.

그 국은 　　　　　 (~한) 맛이 난다 　　　　　 매운

8.

이것은 　　　　　 (~한) 맛이 나지 않는다 　　　　　 짠

9.

저 닭고기는 　　　　　 (~한) 맛이 난다 　　　　　 좋은

개념 쏙쏙 부모님이나 선생님, 친구와 역할을 나눠서 읽어 보세요.

❶ 기쁜 소식 하나 알려줄까요?
taste는 과거로 나타낼 때 -ed만 붙는 규칙 변화를 해요.

> taste처럼 단어 끝이 -e로 끝나는 규칙 동사인 경우엔 -d만 붙여 주면 과거형이 돼요.

❷ That's it! 그럼, 동사 tasted의 문장 뼈대를 알아볼까요?

와~! 그럼, tasted로 변신하는 거예요?

❸ 보나마나 〈주어 + tasted + 보어〉겠죠, 뭐.

주어 + tasted + 보어

❹ That's right! '그 케이크는 달콤했다.'는 어떻게 말할까요?

The cake tasted sweet.

❺ Great! 이번엔 '그 치즈는 짜지 않았다.'를 해볼까요?

아이고~, 갑자기 머릿속이 복잡해져요.

❻ 에이~, 어렵지 않은 건데. 동사가 과거일 때 부정문을 만들려면 무엇의 도움을 받아야 한다고 했죠?

앗, 생각났어요! did요. 그러니까 did not이 되고, 줄여서 didn't! 정답은 The cheese didn't tasted salty!

❼ didn't 뒤에는 항상 동사 기본형을 써야 한다고 했는데.

didn't + taste

❽ 헤헤, 깜박 했네요!
The cheese didn't taste salty.

Very good!

① tasted (~한) 맛이 났다

'(~한) 맛이 났다'라고 할 때 주어가 무엇이든 tasted를 합체해 줘요.

주어(S)	동사(V)	보어(C)
The coffee 그 커피는		**bitter** 쓴
That salad 저 샐러드는	+ **tasted** (~한) 맛이 났다	+ **fresh** 신선한
The cake 그 케이크는		**sweet** 단

그 커피는 쓴맛이 났다.	The coffee **tasted** bitter.
저 샐러드는 신선했다.	That salad **tasted** fresh.
그 케이크는 달콤했다.	The cake **tasted** sweet.

> salad, soup, cheese, juice처럼 셀 수 없는 명사는 항상 단수형으로만 써요.

② didn't taste (~한) 맛이 나지 않았다

'(~한) 맛이 나지 않았다'라고 할 때 did의 도움을 받아서 didn't taste로 표현해요.

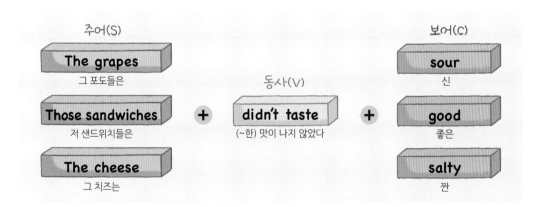

주어(S)	동사(V)	보어(C)
The grapes 그 포도들은		**sour** 신
Those sandwiches 저 샌드위치들은	+ **didn't taste** (~한) 맛이 나지 않았다	+ **good** 좋은
The cheese 그 치즈는		**salty** 짠

그 포도들은 시지 않았다.	The grapes **didn't taste** sour.
저 샌드위치들은 맛이 별로였다.	Those sandwiches **didn't taste** good.
그 치즈는 짜지 않았다.	The cheese **didn't taste** salty.

주어(S)

| The coffee |
| That salad |
| The cake |
| The grapes |
| Those sandwiches |
| The cheese |

동사(V)

| tasted |
| didn't taste |

보어(C)

| bitter |
| fresh |
| sweet |
| sour |
| good |
| salty |

1.

그 커피는　　　　　　　(~한) 맛이 났다　　　　　　　쓴

2.

저 샐러드는　　　　　　(~한) 맛이 나지 않았다　　　　신선한

3.

그 케이크는　　　　　　(~한) 맛이 났다　　　　　　단

4.

그 포도들은　　　　　　(~한) 맛이 나지 않았다　　　신

5.

저 샌드위치들은　　　　(~한) 맛이 났다　　　　　좋은

6.

그 치즈는　　　　　　　(~한) 맛이 나지 않았다　　　짠

7.

저 샐러드는　　　　　　(~한) 맛이 났다　　　　　신선한

8.

그 포도들은　　　　　　(~한) 맛이 나지 않았다　　　단

문장의 뼈대 만들기 Ⅳ will taste와 won't taste

개념 쏙쏙 부모님이나 선생님, 친구와 역할을 나눠서 읽어 보세요.

❶ 선생님, 저기 선반 위에 있는 우유가 상한 것 같아요. 신맛이 나요.

그래요? 그 느낌을 살려서 '이 우유는 신맛이 날 것이다.'를 말해 볼까요?

❷ '(~한) 맛이 날 것이다'는 will taste로 표현해요.

주어
+ will taste
+ 보어

❸ 너무 쉬운데요.
This milk will taste sour.

Perfect! will taste도 주어에 상관없이 항상 will taste예요.

❹ 이번엔 '이 우유는 신맛이 나지 않을 것이다.'를 해볼까요?

will not만 붙이면 되니까
This milk will not taste sour.

❺ Great job! will not은 won't로 줄여 말할 수 있어요.

아, 맞다!
This milk won't taste sour.

❻ Good! 한 가지만 더 복습할게요. won't 뒤에는 동사 원래 모양인 taste가 와야 한다는 거!

won't + 동사원형

❼ '이 빵은 맛이 형편없지 않을 것이다.'를 말해 볼까요?

❽ This bread won't taste awful.

Wonderful!

milk나 bread는 셀 수 없는 명사라서 항상 단수형으로만 쓴다는 것도 알아두세요.

① will taste (~한) 맛이 날 것이다

'(~한) 맛이 날 것이다'라고 추측할 땐 주어가 무엇이든 모두 will taste로 표현해요.

그 주스는 달 것이다.　　　　　　　　The juice **will taste** sweet.

이 우유는 신맛이 날 것이다.　　　　　This milk **will taste** sour.

저 호두들은 맛있을 것이다.　　　　　Those walnuts **will taste** good.

② won't taste (~한) 맛이 나지 않을 것이다

'(~한) 맛이 나지 않을 것이다'라고 할 땐 won't taste라고 해요.

그 초콜릿은 쓴맛이 나지 않을 것이다.　　The chocolate **won't taste** bitter.

저 빵은 맛이 형편없지 않을 것이다.　　　That bread **won't taste** awful.

이 쿠키들은 이상한 맛이 나지 않을 것이다.　These cookies **won't taste** funny.

won't는 will not을 줄인 말이에요.

각각의 블록을 합체하여 문장을 만들어 보세요.

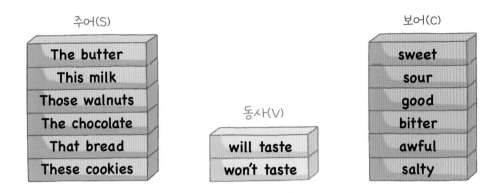

주어(S)

The butter
This milk
Those walnuts
The chocolate
That bread
These cookies

동사(V)

will taste
won't taste

보어(C)

sweet
sour
good
bitter
awful
salty

1. _____ _____ _____ .

그 버터는　　　　　　　(~한) 맛이 날 것이다　　　　　　짠

2. _____ _____ _____ .

이 우유는　　　　　　　(~한) 맛이 나지 않을 것이다　　　　신

3. _____ _____ _____ .

저 호두들은　　　　　　(~한) 맛이 날 것이다　　　　　　좋은

4. _____ _____ _____ .

그 초콜릿은　　　　　　(~한) 맛이 나지 않을 것이다　　　　쓴

5. _____ _____ _____ .

서 빵은　　　　　　　　(~한) 맛이 날 것이나　　　　　　형편없는

6. _____ _____ _____ .

이 쿠키들은　　　　　　(~한) 맛이 나지 않을 것이다　　　　단

7. _____ _____ _____ .

이 우유는　　　　　　　(~한) 맛이 날 것이다　　　　　　신

8. _____ _____ _____ .

저 빵은　　　　　　　　(~한) 맛이 나지 않을 것이다　　　　좋은

개념 쏙쏙 부모님이나 선생님, 친구와 역할을 나눠서 읽어 보세요.

❶ 선생님! '이 닭고기 수프'라고 할 때 chicken this soup이라고 하면 돼요?

다시 잘 생각해 봐요. my(나의), the(그), this(이)와 같은 단어와 형용사가 합체할 때 순서가 어떻게 된다고 했죠?

❷ 아, 맞다! 형용사가 명사 앞에 와야 하죠? this chicken soup.

Good job!

my / the / this + 형용사 + 명사

❸ 어, 근데요, 선생님! chicken은 형용사가 아니라 명사인데요?

오~, 맞아요! 명사와 명사가 결합하면 앞의 명사가 형용사 역할을 해준답니다.

❹ 아~, 그렇군요. 이렇게 말해도 되나요? a chicken soup / these chicken soups.

민준이가 오늘 꽤 예리하네요.

❺ soup은 개수를 셀 수 없는 명사라서 soups 라고 쓸 수 없어요. pie나 sandwich는 개수를 셀 수 있기 때문에 a pie / a sandwich / these pies / those sandwiches 처럼 쓸 수 있어요.

milk, bread, soup, chicken처럼 셀 수 없는 명사는 단수형으로만 써요!

❻ '이 사과 파이들'을 말해 볼까요?

음…, 사과가 많이 들어갈 테니까 these apples pies.

❼ 명사가 바로 뒤에 나오는 다른 명사를 꾸며 줄 때 단수형으로만 써요.

아하! these apple pies.

❽ Great! 하나만 더 해볼까요? '저 초콜릿 쿠키들'은?

chocolate도 셀 수 없는 명사죠? 그럼, those chocolate cookies.

① the/this/that + 명사 + 단수 명사

관사 the 그리고 '이', '저'를 나타내는 this, that 뒤에 명사를 꾸며 주는 명사를 합체할 수 있어요. 이때 앞의 명사는 뒤의 명사를 꾸며 주는 형용사 역할을 해요.

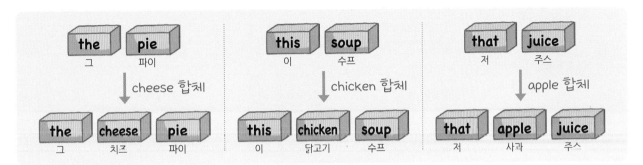

그 치즈 파이는 맛있다.	**The cheese pie** tastes good.
이 닭고기 수프는 이상한 맛이 난다.	**This chicken soup** tastes funny.
저 사과 주스는 신맛이 난다.	**That apple juice** tastes sour.

② the/these/those + 명사 + 복수 명사

주어가 여럿일 때, 즉 복수 명사일 경우엔 this를 these로, that을 those로 바꿔서 표현해요.

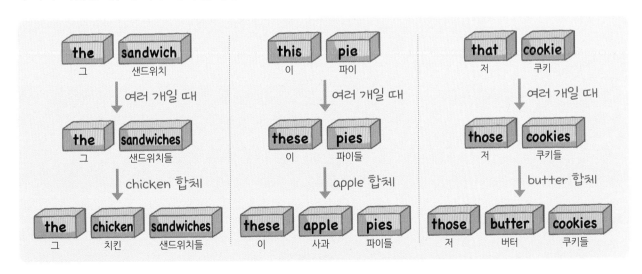

그 치킨 샌드위치들은 맛이 신선하다.	**The chicken sandwiches** taste fresh.
이 사과 파이들은 단맛이 난다.	**These apple pies** taste sweet.
저 버터 쿠키들은 맛있다.	**Those butter cookies** taste good.

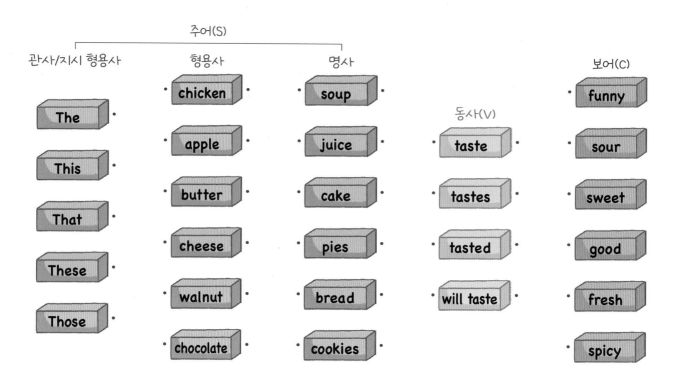

1. 그 사과 주스는 신선한 맛이 난다.

2. 이 닭고기 수프는 맵다.

3. 저 초콜릿 케이크는 맛이 이상했다.

4. 이 치즈 파이들은 신맛이 난다.

5. 저 호두 쿠키들은 달 것이다.

6. 이 버터 빵은 맛있다.

연습팍팍❷ 우리말에 맞춰 단어 블록들을 연결하고 완성된 문장을 써 보세요.

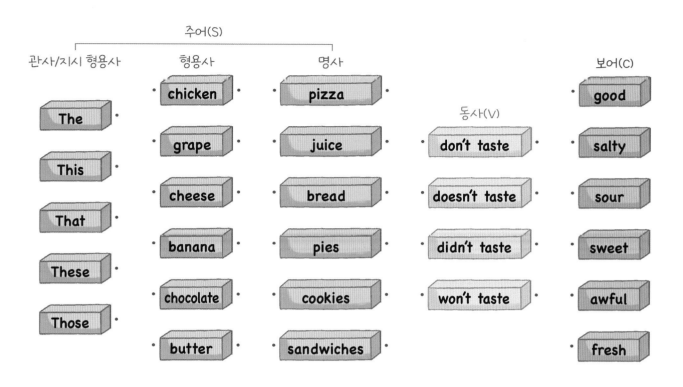

1. 그 바나나 쿠키들은 달지 않다.

   　

2. 이 치즈 피자는 짜지 않다.

   　

3. 저 포도 주스는 시지 않았다.

   　

4. 이 초콜릿 빵은 맛이 형편없지 않다.

   　

5. 저 치킨 샌드위치들은 맛이 신선하지 않을 것이다.

   　

6. 이 버터 파이들은 맛이 별로다.

개념 쏙쏙 부모님이나 선생님, 친구와 역할을 나눠서 읽어 보세요.

❶

선생님! 오늘은 문장에 어떤 살을 붙일 거예요?

먼저 맛의 정도를 나타내는 부사를 붙여 볼 거예요.

❷
첫 번째 문제! '이 피자는 약간 짜다.'를 말해 볼까요?

This pizza tastes... a little을 어디에 붙여야 하죠?

정도를 나타내는 부사는 꾸며 주는 형용사 앞에 붙여요.

❸
약간 짜다고 했으니까
This pizza tastes a little salty.

Good job!
하나 더 해볼까요? '이 수프는 매우 신맛이 난다.'를 말해 봐요.

❹
'매우 신맛이 난다'니까 very를 sour 앞에 붙여서 This soup tastes very sour.

Very good!

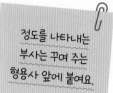

❺
이번엔 '그 케이크는 우유와 함께 먹으면 맛있다.'를 표현해 볼까요?

❻
'우유와 함께'니까
The cake tastes good milk with.

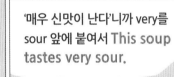

음, with는 명사 앞에 오는 전치사예요.

with + 명사

❼
아하! 다시 해볼게요.
The cake tastes good with milk.

❽
마지막 문제! '그 빵은 꿀과 함께 먹으면 달다.'를 말해 볼까요?

The bread tastes sweet with honey.

❶ 부사 + 형용사

보어 자리의 형용사 앞에 '약간', '매우', '너무'라는 뜻을 더해 주는 부사를 합체해서 정도를 나타낼 수 있어요.

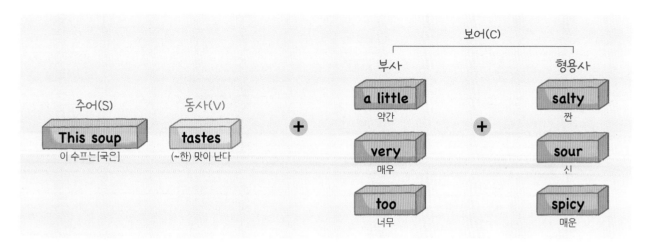

이 국은 **약간** 짜다.	This soup tastes **a little** salty.
이 수프는 **아주** 시다.	This soup tastes **very** sour.
이 국은 **너무** 맵다.	This soup tastes **too** spicy.

❷ with + 명사

문장 뒤에 〈with + 명사〉를 합체하면 '~와 함께 먹으면 맛이 어떻다'는 표현을 할 수 있어요.

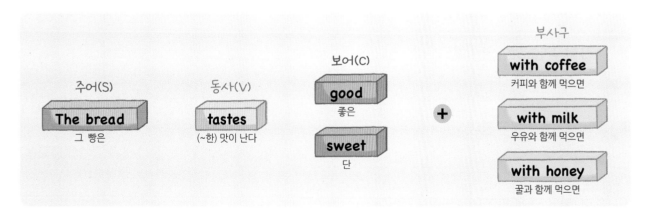

그 빵은 **커피와 함께 먹으면** 맛있다.	The bread tastes good **with coffee**.
그 빵은 **우유와 함께 먹으면** 맛있다.	The bread tastes good **with milk**.
그 빵은 **꿀과 함께 먹으면** 달다.	The bread tastes sweet **with honey**.

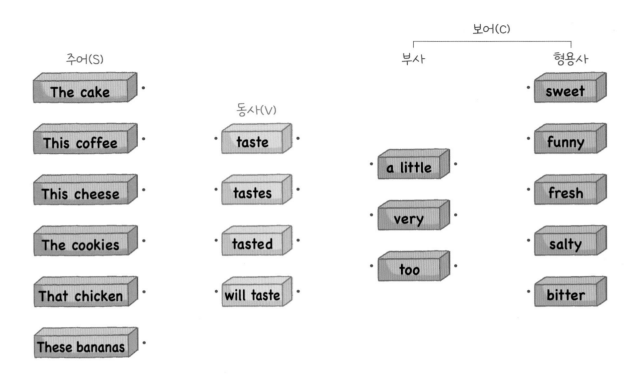

주어(S)
- The cake
- This coffee
- This cheese
- The cookies
- That chicken
- These bananas

동사(V)
- taste
- tastes
- tasted
- will taste

보어(C)

부사
- a little
- very
- too

형용사
- sweet
- funny
- fresh
- salty
- bitter

1. 그 케이크는 맛이 약간 이상했다.

2. 이 치즈는 매우 신선한 맛이 난다.

3. 저 닭고기는 맛이 약간 짤 것이다.

4. 그 쿠키들은 너무 달다.

5. 이 바나나들은 맛이 매우 이상할 것이다.

6. 이 커피는 너무 쓰다.

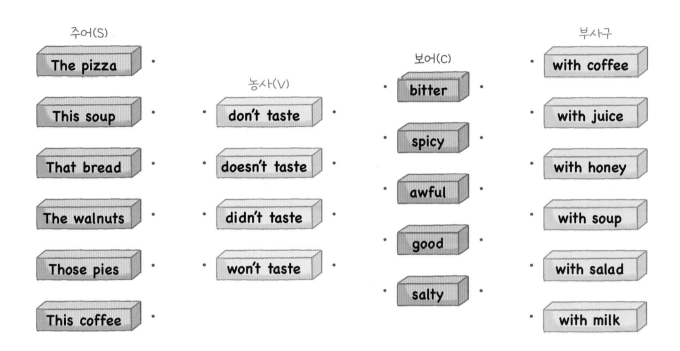

1. 저 빵은 주스와 함께 먹으면 맛이 없었다.

   ○   .

2. 이 수프는 샐러드와 함께 먹으면 맵지 않다.

   ○   .

3. 그 피자는 수프와 함께 먹으면 짜지 않았다.

   ○   .

4. 이 커피는 우유를 넣으면 쓰지 않다.

   ○   .

5. 그 호두들은 꿀과 함께 먹으면 쓰지 않다.

   ○   .

6. 저 파이들은 커피와 함께 먹으면 맛이 형편없지 않을 것이다.

   ○   .

Step 3
슈퍼 문장 만들기

연습 팍팍 문장 뼈대에 살을 붙여가면서 슈퍼 문장을 만들어 보세요.

1) 주어 자리의 명사에 형용사로 살을 붙여 줄 수 있어요.
2) 보어 자리의 형용사 앞에는 a little, very, too와 같은 정도를 나타내는 부사를 붙여 줄 수 있어요.
3) 문장 뒤에 〈with + 명사〉를 합체해서 '~와 함께 먹으면'이라는 표현을 덧붙일 수 있어요.

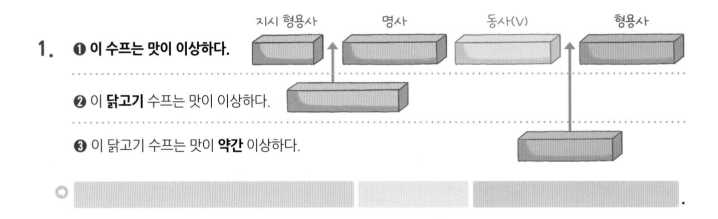

1. **❶ 이 수프는 맛이 이상하다.**

지시 형용사 / 명사 / 동사(V) / 형용사

❷ 이 닭고기 수프는 맛이 이상하다.

❸ 이 닭고기 수프는 맛이 약간 이상하다.

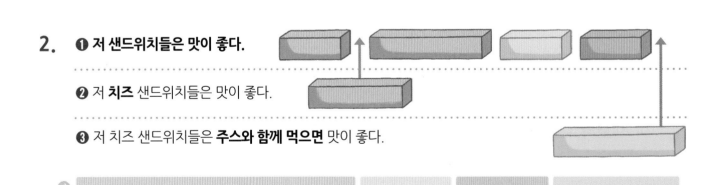

2. **❶ 저 샌드위치들은 맛이 좋다.**

❷ 저 치즈 샌드위치들은 맛이 좋다.

❸ 저 치즈 샌드위치들은 주스와 함께 먹으면 맛이 좋다.

3. ❶ 그 우유는 맛이 신선했다.

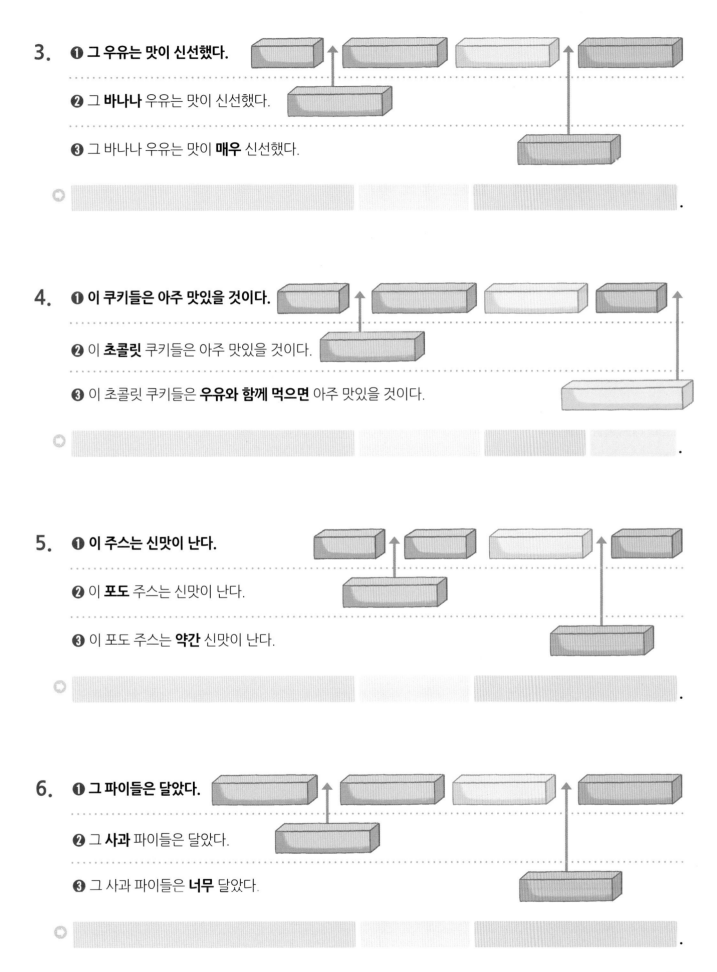

❷ 그 **바나나** 우유는 맛이 신선했다.

❸ 그 바나나 우유는 맛이 **매우** 신선했다.

.

4. ❶ 이 쿠키들은 아주 맛있을 것이다.

❷ 이 **초콜릿** 쿠키들은 아주 맛있을 것이다.

❸ 이 초콜릿 쿠키들은 **우유와 함께 먹으면** 아주 맛있을 것이다.

.

5. ❶ 이 주스는 신맛이 난다.

❷ 이 **포도** 주스는 신맛이 난다.

❸ 이 포도 주스는 **약간** 신맛이 난다.

.

6. ❶ 그 파이들은 달았다.

❷ 그 **사과** 파이들은 달았다.

❸ 그 사과 파이들은 **너무** 달았다.

.

Step 4

의문문 만들기

❶ Do + 복수 주어 + taste + 보어?

주어가 복수 명사일 경우에 '(~한) 맛이 나니?, 맛이 나요?'라고 물을 땐 Do를 맨 앞에 써요.

Do (~하니) + 주어(S) [the pies / the sandwiches / these cookies] + 동사(V) taste ((~한) 맛이 난다) + 보어(C) [funny / fresh / sweet] ?

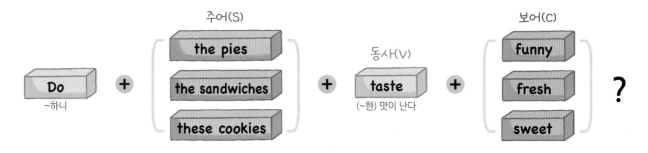

1. 그 파이들은 달아요?

➡ ______ ______ ______ ______ ? No, they don't.

2. 그 샌드위치들은 맛이 신선하니?

➡ ______ ______ ______ ______ ? Yes, they do.

3. 이 쿠키들은 맛이 이상한가요?

➡ ______ ______ ______ ______ ? No, they don't.

❷ Does + 단수 주어 + taste + 보어?

주어가 단수 명사일 경우에 '(~한) 맛이 나니?, 맛이 나요?'라고 물을 땐 Does를 맨 앞에 써 주세요.

Does (~하니) + 주어(S) [this / the pizza / that salad] + 동사(V) taste ((~한) 맛이 난다) + 보어(C) [good / spicy / fresh] ?

1. 그 피자는 아주 맛있니?

○ ▢▢▢▢ ? ◁ Yes, it does.

2. 저 샐러드는 맛이 신선한가요?

○ ▢▢▢▢ ? ◁ Yes, it does.

3. 이거 많이 매워요?

○ ▢▢▢▢ ?

No, it doesn't.

③ Did + 주어 + taste + 보어?

'(~한) 맛이 났니?, 맛이 났어요?'라고 물을 땐 주어가 무엇이든 Did를 맨 앞에 쓰면 돼요.

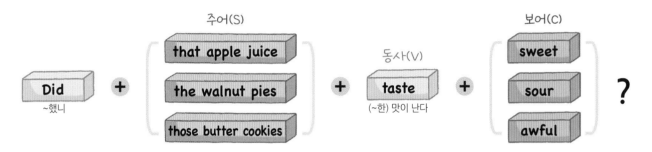

1. 저 사과 주스는 신맛이 났니?

○ ▢▢▢▢ ?

No, it didn't.

2. 그 호두 파이들은 맛이 형편없었나요?

○ ▢▢▢▢ ?

Yes, they did.

3. 저 버터 쿠키들은 달았니?

○ ▢▢▢▢ ?

No, they didn't.

④ How + do/does/did + 주어 + taste?

'맛이 어때?, 맛이 어때요?'라고 음식 맛이 어떠한지를 물을 땐 의문사 How를 이용해요.

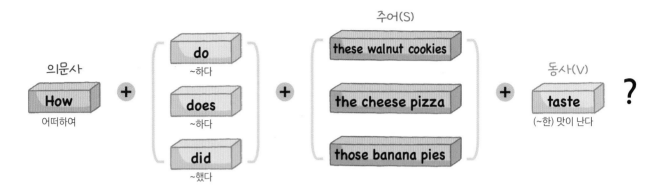

1. 그 치즈 피자는 맛이 어땠니?

   ◎ [   ] [   ] [   ] [   ] ?

   It tasted a little salty.

2. 이 호두과자들은 맛이 어때?

   ◎ [   ] [   ] [   ] [   ] ?

   They taste good with coffee.

3. 저 바나나 파이들은 맛이 어땠어요?

   ◎ [   ] [   ] [   ] [   ] ?

   They tasted very sweet.

CHALLENGE!

동사 smell을 이용하여 문장을 만들어 보세요.

(~한) 냄새가 난다	smell
	smells
(~한) 냄새가 났다	smelled
(~한) 냄새가 날 것이다	will smell

긍정문

1. 이 치즈는 약간 이상한 냄새가 난다.

◌ _____ _____ _____ .

2. 이 사과들은 신선한 냄새가 난다.

◌ _____ _____ _____ .

3. 그 파이들은 매우 단 냄새가 났다.

◌ _____ _____ _____ .

4. 그 우유는 신 냄새가 날 것이다.

◌ _____ _____ _____ .

5. 저 국은 매운 냄새가 난다.

◌ _____ _____ _____ .

6. 저 쿠키들은 좋은 냄새가 났다.

◌ _____ _____ _____ .

(~한) 냄새가 안 난다	don't smell
	doesn't smell
(~한) 냄새가 안 났다	didn't smell
(~한) 냄새가 안 날 것이다	won't smell

부정문

1. 저 케이크는 단 냄새가 안 난다.

⟳ [　　　　　　] [　　　　　　] [　　　　　　] .

2. 그 샐러드는 이상한 냄새가 안 났다.

⟳ [　　　　　　] [　　　　　　] [　　　　　　] .

3. 그 국은 매운 냄새가 많이 안 날 것이다.

⟳ [　　　　　　] [　　　　　　] [　　　　　　] .

4. 이 치즈 파이들은 짠 냄새가 안 난다.

⟳ [　　　　　　　　　] [　　　　　] [　　　　　] .

5. 저 치킨 샌드위치들은 신선한 냄새가 안 났다.

⟳ [　　　　　　　　　] [　　　　　] [　　　　　] .

6. 이 포도 주스는 신 냄새가 안 날 것이다.

⟳ [　　　　　　　　　] [　　　　　] [　　　　　] .

(〜한) 냄새가 나니?	Do 〜 smell?
	Does 〜 smell?
(〜한) 냄새가 났니?	Did 〜 smell?
냄새가 어때[어땠니]?	How do[does/did] 〜 smell?

의문문

1. 그 사과 파이들은 맛있는 냄새가 나요?
   ⟳ ___ ___ ___ ___ ?

2. 그 포도들은 신 냄새가 났니?
   ⟳ ___ ___ ___ ___ ?

3. 그 커피는 냄새가 어땠니?
   ⟳ ___ ___ ___ ___ ?

4. 저 치킨 수프는 매운 냄새가 나니?
   ⟳ ___ ___ ___ ___ ?

5. 이 샌드위치들은 냄새가 어때요?
   ⟳ ___ ___ ___ ___ ?

6. 이 바나나 주스는 냄새가 어떤가요?
   ⟳ ___ ___ ___ ___ ?

REVIEW TEST

A. 우리말 뜻에 알맞게 동사 taste와 smell을 이용하여 빈칸을 채우세요.

1.

(~한) 맛이 난다	(~한) 맛이 나지 않는다	(~한) 맛이 나니?
_____ / tastes	_____ /doesn't taste	Do/_____ ~ taste?
(~한) 맛이 났다	(~한) 맛이 나지 않았다	(~한) 맛이 났니?
_____	_____ taste	Did ~ _____ ?
(~한) 맛이 날 것이다	(~한) 맛이 나지 않을 것이다	맛이 어때[어땠니]?
_____ taste	_____ taste	How do/does/did ~ _____ ?

2.

(~한) 냄새가 난다	(~한) 냄새가 안 난다	(~한) 냄새가 나니?
smell / _____	don't/_____ smell	_____ /Does ~ smell?
(~한) 냄새가 났다	(~한) 냄새가 안 났다	(~한) 냄새가 났니?
_____	_____	Did ~ _____ ?
(~한) 냄새가 날 것이다	(~한) 냄새가 안 날 것이다	냄새가 어때[어땠니]?
_____ smell	_____	How do/does/did ~ _____ ?

B. 주어진 단어를 순서대로 배열해 보세요.

> 문장의 첫 글자는 대문자로 쓰고, 문장 끝에 문장 부호를 쓰세요.

3. sour | apples | those | taste

   _____

4. chicken | taste | spicy | doesn't | that

   _____

5. cheese | didn't | the | salty | taste

   _____

6. tastes | the | sweet | cake | very

   _____

C. 주어진 문장을 지시대로 바꾸어 쓰세요.

7. That apple juice tastes sour.

   의문문 ▶

8. These walnuts will taste bitter.

   부정문 ▶

9. The coffee doesn't smell good.

   긍정문 ▶

10. That salad tasted awful.

    의문문 ▶

D. 주어진 단어들을 이용하여 우리말에 맞게 문장을 완성해 보세요.

11. 그 우유는 신 냄새가 날 것이다. .... sour

    ▶

12. 저 샐러드는 맛이 신선하니? .... that | fresh

    ▶

13. 그 커피는 냄새가 어땠니? .... how | smell

    ▶

맞힌 개수 : /13개

본 학습에 들어가기 전에 다음 단어들을 꼭 기억해 두세요.

명사

- ✓ dog 개
- ○ leg 다리
- ○ skin 피부
- ○ towel 수건
- ○ shoes 신발
- ○ parents 부모
- ○ doctor 의사
- ○ teacher 교사, 선생님

형용사

- ○ rich 부유한
- ○ old 나이 든
- ○ angry 화난
- ○ happy 행복한
- ○ dirty 더러운
- ○ sleepy 졸린
- ○ hungry 배고픈

- ○ hurt 다친
- ○ tired 피곤한
- ○ dry 마른, 건조한
- ○ wet 젖은
- ○ warm 따뜻한
- ○ cold 차가운

get

단어 & 문장 듣기

명사

- ○ **tall** 키가 큰(taller 키가 더 큰)
- ○ **strong** 힘센(stronger 힘이 더 센)
- ○ **fat** 살찐(fatter 더 살찐)
- ○ **hot** 더운(hotter 더 더운)
- ○ **dark** 어두운(darker 더 어두운)
- ○ **good** 좋은(better 더 좋은[나은])
- ○ **bad** 나쁜(worse 더 나쁜)

부사

- ○ **quite** 꽤
- ○ **too** 너무
- ○ **a little** 약간
- ○ **about** ~쯤, 대략
- ○ **slowly** 서서히
- ○ **gradually** 점차

개념 쏙쏙   부모님이나 선생님, 친구와 역할을 나눠서 읽어 보세요.

❶
오늘은 보어가 필요한 마지막 동사로 get을 공부해 봐요.

동사 get도 뒤에 꼭 보어가 필요해요?

❷
항상 그런 건 아니에요. get은 '받다, 사다, 도착하다' 등 여러 뜻으로 쓰이는데, '~가 되다'의 뜻으로 쓰일 때만 보어가 필요해요. 주어가 He, She, It, 단수 명사일 땐 get에 -s를 붙인 형태를 써요.

주어 + get/gets + 보어

❸
'날이 추워진다.'는 표현을 만들어 볼까요?

'날'은 어떻게 표현해요? The day?

❹
아, it에 대한 설명을 먼저 해야겠네요. it은 정말 쓸모가 많은 단어예요.

❺
〈비인칭 주어 it〉
1) 주어로 쓰여요.
2) 해석하지 않아요.
3) 날씨, 시간, 요일, 명암, 거리를 나타낼 때 써요.

it

❻
아~, 그럼, It is Monday. It is sunny.

That's it! 그럼, 이제 '날이 추워진다.'를 말해 봐요.

❼
It은 단수 주어니까 It gets cold.

Great!

우리말로는 그냥 '춥다'고 해도 되지만 영어에서는 it을 꼭 주어로 데려와 쓴다는 것도 잊지 마세요!

❽
이번엔 '날이 추워지지 않는다.'를 말해 볼까요?

부정문이니까 doesn't를 붙여서 It doesn't gets cold!

❾
doesn't 뒤에서는 동사 모양이 바뀌지 않는다고 했는데…

앗! It doesn't get cold.

doesn't + 동사원형

❶ get ~가 되다 / don't get ~가 되지 않다

어떤 상태의 변화를 나타낼 때 동사 get을 쓸 수 있어요. 이때 get은 '~가 되다, ~해지다'의 뜻이에요. get 뒤에는 보어로 형용사가 와요.

너는 행복해진다.(기분이 좋아진다)　　　You **get** happy.

그들은 나이를 먹는다.　　　　　　　　They **get** old.

우리는 졸리지 않는다.　　　　　　　　We **don't get** sleepy.

❷ gets ~가 되다 / doesn't get ~가 되지 않다

주어가 단수일 경우에 '~가 되다'라고 할 땐 gets를 써요. '~가 되지 않다'라고 할 땐 doesn't get으로 표현해요.

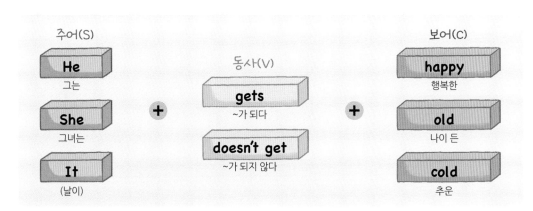

그는 행복해진다.(기분이 좋아진다)　　　He **gets** happy.

(날이) 추워진다.　　　　　　　　　　It **gets** cold.

그녀는 나이를 먹지 않는다.　　　　　　She **doesn't get** old.

> 날씨를 나타낼 땐 비인칭 주어인 It을 써요 이때 It은 해석하지 않아요.

주어(S)

I
They
We
He
She
It

동사(V)

get
gets
don't get
doesn't get

보어(C)

happy
old
sleepy
cold

1.

나는   ~가 되다   행복한

2.

그들은   ~가 되지 않다   나이 든

3.

우리는   ~가 되다   졸린

4.

그는   ~가 되지 않다   나이 든

5.

그녀는   ~가 되다   행복한

6.

(날이)   ~가 되지 않다   추운

7.

그들은   ~가 되다   행복한

8.

그녀는   ~가 되지 않다   나이 든

9.

그는   ~가 되다   졸린

개념 쏙쏙 부모님이나 선생님, 친구와 역할을 나눠서 읽어 보세요.

❶ 지난 시간에 get의 문장 뼈대를 어떻게 만들었죠?

〈주어 + get + 보어〉요!

❷ Very good! 오늘은 '~가 되고 있다'란 의미의 문장 뼈대를 만들어 봐요. 이때 동사는 is getting, are getting 형태가 돼요.

주어 +
is/are getting
+ 보어

❸ 어? be동사와 get이 합쳐졌네요.

그래요. 단, get은 be동사 뒤에서 getting으로 모양이 바뀐답니다. be동사의 힘이 크죠?

❹ 그렇네요. be동사가 앞에 오면서 get에게 "넌 이제 동사가 아니야. 모양을 바꿔!"라고 협박을 한 모양이에요. 큭큭.

❺ 호호호, 그런가요? 퀴즈 하나! is와 are는 어떻게 구분해서 쓸까요?

아이참~, 너무 쉽네요. is는 주어가 단수일 때, are는 주어가 복수일 때 쓰잖아요.

❻ Wonderful! 그럼, '날이 따뜻해지고 있다.'를 말해 볼까요?

날씨를 나타낼 때 주어로 It을 쓴다고 했으니까 It is getting warm.

❼ Great! 이번엔 '내 신발이 더러워지고 있다.'를 말해 볼까요?

주어가 My shoes로 복수니까 are를 써서 My shoes are getting dirty.

단수 주어 + is getting
복수 주어 + are getting

❽ Perfect! 이제 마지막으로, '그 수건들은 마르고 있지 않다.'를 해볼까요?

are의 부정은… aren't였죠? The towels aren't getting dry.

① is getting ~가 되고 있다

'~가 되고 있다, ~해지고 있다'라고 현재 진행 중인 것을 말할 땐 is getting으로 표현해요. 동사가 is니까 주어로는 단수 명사를 써야 해요.

주어(S)		동사(V)		보어(C)

나의 피부가 건조해지고 있다.　　　　My skin **is getting** dry.

(날이) 따뜻해지고 있다.　　　　　　It **is getting** warm.

너의 개는 살찌고 있지 않다.　　　　Your dog **isn't getting** fat.

② are getting ~가 되고 있다

주어가 복수 명사일 경우엔 are getting으로 표현해요.

나의 신발이 더러워지고 있다.　　　　My shoes **are getting** dirty.

그 수건들은 마르고 있지 않다.　　　The towels **aren't getting** dry.

나의 다리가 피곤해지고 있다.　　　My legs **are getting** tired.

 각각의 블록을 합체하여 문장을 만들어 보세요.

주어(S)

My skin
It
Your dog
My shoes
The towels
My legs

동사(V)

is getting
are getting
isn't getting
aren't getting

보어(C)

fat
warm
dirty
dry
tired

1.

나의 피부는   ~가 되고 있다   마른

2.

(날이)   ~가 되고 있지 않다   따뜻한

3.

너의 개는   ~가 되고 있다   살찐

4.

나의 신발이   ~가 되고 있지 않다   마른

5.

그 수건들은   ~가 되고 있다   너러운

6.

나의 다리는   ~가 되고 있지 않다   피곤한

7.

(날이)   ~가 되고 있다   따뜻한

8.

그 수건들은   ~가 되고 있지 않다   마른

9.

나의 신발이   ~가 되고 있다   더러운

Step1
문장의 뼈대 만들기 Ⅲ got과 didn't get

개념 쏙쏙 부모님이나 선생님, 친구와 역할을 나눠서 읽어 보세요.

❶
오늘은 과거로 한번 가 볼까요?

음…, 예감이 좋지 않아요. 왠지 get은 과거로 갈 때 불규칙하게 변할 것 같아요.

❷
정확히 맞혔어요. get은 과거로 갈 때 got으로 변신하고 '~가 되었다'란 뜻이 돼요.

주어 + got + 보어

❸
자신감을 가지고 한번 해봐요. '나는 다치게 되었다.' 즉 '나는 다쳤다.'는 어떻게 표현하면 될까요?

어…, I got hurt.

❹
Super! 민준이는 어려운 걸 더 잘하네요. 전에 배운 동사들의 과거형과 마찬가지로 got도 주어에 상관없이 항상 got이에요.

❺
호호호, 그렇죠? '우리는 다치지 않았다.'를 해볼까요?

'다치지 않았다'니까 got 앞에 don't를 붙여서 We don't got hurt.

❻
이런, 중요한 걸 놓쳤네요. got은 과거니까 부정으로 말할 때 did not이 필요해요. did not은 줄여서 didn't라고 했죠?

❼
아이고~, 뭐가 그렇게 복잡하대요?

❽
차근차근 생각하면 어려울거 없어요. 정리하면, 주어가 무엇이든 get의 과거 부정은 did not get, 줄여서 didn't get이에요.

그럼, We didn't get hurt.

❾
My dog didn't get sick.

That's it! 마지막으로 하나 더! '나의 개는 아프지 않았다.'를 말해 봐요.

112 기적의 영어문장 만들기 ❷권

정리착착 단어 블록을 합체하여 문장 구조를 정리해 보세요.

got ~가 되었다 / didn't get ~가 되지 않았다

어떤 상태로 변화되어 '~가 되었다'라고 할 땐 get의 과거형인 got을 써요. '~가 되지 않았다'라고 할 땐 did 의 도움을 받아서 didn't get으로 표현해요.

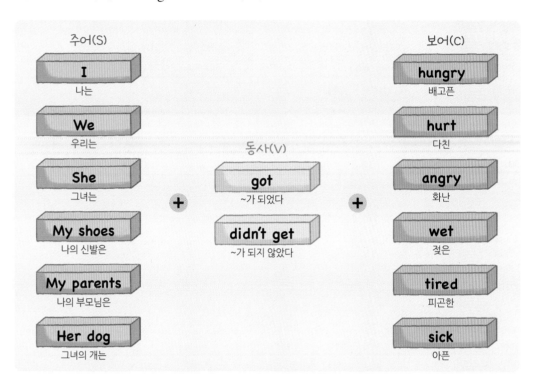

나는 배고파졌다.	I **got** hungry.
우리는 다치지 않았다.	We **didn't get** hurt.
그녀는 화났다.	She **got** angry.
나의 신발은 젖지 않았다.	My shoes **didn't get** wet.
나의 부모님은 피곤하셨다.	My parents **got** tired.
그녀의 개는 아프지 않았다.	Her dog **didn't get** sick.

주어(S)

| I |
| We |
| She |
| My shoes |
| My parents |
| Her dog |

동사(V)

| got |
| didn't get |

보어(C)

| hungry |
| hurt |
| angry |
| wet |
| tired |
| sick |

1. _____ _____ _____ .
   나는   ~가 되었다   배고픈

2. _____ _____ _____ .
   우리는   ~가 되지 않았다   화난

3. _____ _____ _____ .
   그녀는   ~가 되었다   다친

4. _____ _____ _____ .
   나의 신발은   ~가 되지 않았다   젖은

5. _____ _____ _____ .
   나의 부모님은   ~가 되었다   피곤한

6. _____ _____ _____ .
   그녀의 개는   ~가 되지 않았다   아픈

7. _____ _____ _____ .
   우리는   ~가 되었다   배고픈

8. _____ _____ _____ .
   그녀는   ~가 되지 않았다   피곤한

9. _____ _____ _____ .
   나의 부모님은   ~가 되었다   화난

Step1
문장의 뼈대 만들기 Ⅳ will get과 won't get

개념 쏙쏙 부모님이나 선생님, 친구와 역할을 나눠서 읽어 보세요.

❶ 오늘은 제가 제일 좋아하는 미래 시제를 배울 차례죠?

호호호, 맞아요. will get은 '~가 될 것이다'란 뜻이에요.

❷ 문장 뼈대는 보나마나 〈주어+will get+보어〉겠죠?

Great!

주어 + will get + 보어

❸ 자, 그럼, '그녀는 화를 낼 것이다.'를 한번 표현해 볼까요?

❹ 음…, 주어 다음에 동사니까 She will get angry.

Very good!

❺ 아, 그리고 주어가 복수 명사여도 will get의 모양은 안 바뀌는 거죠? My parents will get angry.

That's right!

will get은 주어가 무엇이든 항상 will get이에요.

이번엔 '나의 부모님은 화를 내지 않을 것이다.'를 말해 볼까요?

❻ '~ 않을 것이다'니까 will not을 써야 하고, 줄이면 won't. 그러니까 My parents won't get angry.

will not → won't

❼ Very good! 민준이 정말 잘하네요!

❽ 헤헤, 문장 만들기에 점점 자신이 생겨요. 문제 하나 더요!

좋아요. 이번엔 문장 두 개를 차례로 말해 볼까요? '너는 화를 낼 것이다.', '너희들은 화를 내지 않을 것이다.'

❾ 이것도 문제 없어요! You will get angry. You won't get angry.

You는 한 사람(너, 당신)이나 여러 사람들(너희들, 당신들)의 의미로 다 쓰여요.

네 번째 동사 get **115**

● will get ~가 될 것이다 / won't get ~가 되지 않을 것이다

'~가 될 것이다'는 will get, '~가 되지 않을 것이다'는 won't get으로 표현해요.

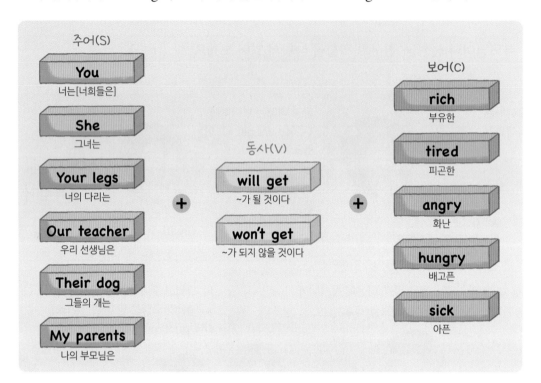

너는[너희들은] 화를 낼 것이다.	You **will get** angry.
그녀는 부자가 되지 않을 것이다.	She **won't get** rich.
너의 다리는 피곤해질 것이다.	Your legs **will get** tired.
우리 선생님은 화를 내지 않을 것이다.	Our teacher **won't get** angry.
그들의 개는 배고파질 것이다.	Their dog **will get** hungry.
나의 부모님은 아프지 않을 것이다.	My parents **won't get** sick.

연습 팍팍 각각의 블록을 합체하여 문장을 만들어 보세요.

주어(S)

You
She
Your legs
Our teacher
Their dog
My parents

동사(V)

will get
won't get

보어(C)

rich
sick
angry
hungry
tired

1.

너는   ~가 될 것이다   부유한

2.

그녀는   ~가 되지 않을 것이다   화난

3.

너의 다리는   ~가 될 것이다   피곤한

4.

우리 선생님은   ~가 되지 않을 것이다   아픈

5.

그들의 개는   ~가 될 것이다   배고픈

6.

나의 부모님은   ~가 되지 않을 것이다   화난

7.

그녀는   ~가 될 것이다   부유한

8.

너는   ~가 되지 않을 것이다   아픈

9.

우리 선생님은   ~가 될 것이다   화난

문장에 살 붙이기 **I** 부사와 부사구

개념 쏙쏙 부모님이나 선생님, 친구와 역할을 나눠서 읽어 보세요.

①

오늘 너무 추워요. 날이 점점 더 추워지는 것 같아요.

그런 것 같죠? 오늘은 날씨에 관한 내용으로 시작해 볼까요?

②

'상당히 추워지네요.'라는 표현을 부사 quite를 이용해서 한번 말해 보세요. 부사는 꾸며주는 형용사 앞에 써야 해요.

③

It gets quite cold.

④

Very good! 이번엔 too를 이용해서 '너무 추워졌다.'를 말해 볼까요?

과거형이니까 got을 써서 It got too cold.

근데, 선생님! too 대신 전에 배웠던 so를 쓰면 안 되나요? 둘 다 같은 뜻이잖아요.

⑤
뜻이 비슷하지만 쓰이는 경우는 달라요. 감정을 담아 두 문장을 말해 볼 테니까 잘 듣고 다른 점을 찾아보세요.
It was so cold.
It was too cold.

⑥

음…, too를 말하실 때 좀 찡그린 표정을 지으신 것 같아요.

⑦

Right! so는 '매우, 정말'이란 뜻으로 강조를 위해 쓰지만, too는 '너무'의 뜻으로 무엇이 필요 이상일 때 쓴답니다. 부정적인 의미로 쓰이죠.

so ≠ too

⑧

아~, 그러니까 I am so good.은 괜찮지만 I am too good.이라고 하면 이상하겠네요.

That's it!

⑨

이제 문장 끝에 시간을 나타내는 표현을 붙여 볼까요? '6시쯤에는 날이 어두워진다.'를 말해 봐요.
시간 앞에는 전치사 at을 써요.

at + 시간
~에

⑩

그러니까 음…, '6시쯤에는' at about six가 되는 거네요. 문장 끝에 붙여야 하니까 It gets dark at about six.

시간 앞에는 at을, 아침이나 오후를 나타내는 말 앞에는 in을 붙여요.

① 부사 + 형용사

형용사 바로 앞에 부사를 붙여 정도를 나타낼 수 있어요.

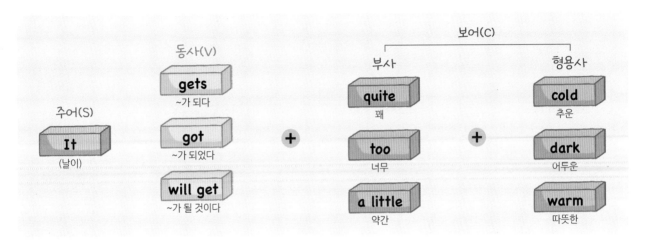

(날이) **꽤** 추워진다.　　　　　It gets **quite** cold.

(날이) **너무** 어두워졌다.　　　　It got **too** dark.

(날이) **약간** 따뜻해질 것이다.　　It will get **a little** warm.

② 시간 표현

이번엔 문장 뒤에 시간 표현을 합체해 봅시다. 시간을 나타낼 땐 전치사 at을, 아침이나 오후를 나타낼 땐 전치사 in을 붙여요.

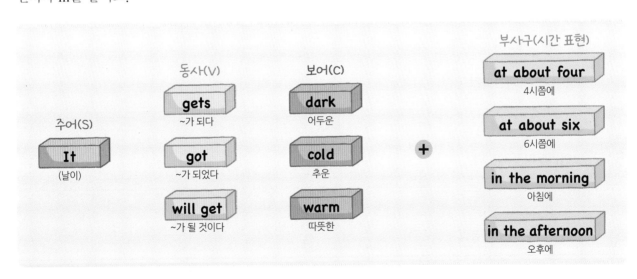

6시쯤에는 (날이) 어두워진다.　　　It gets dark **at about six**.

아침에 (날이) 추워졌다.　　　　　It got cold **in the morning**.

연습팍팍¹ 우리말에 맞춰 단어 블록들을 연결하고 완성된 문장을 써 보세요.

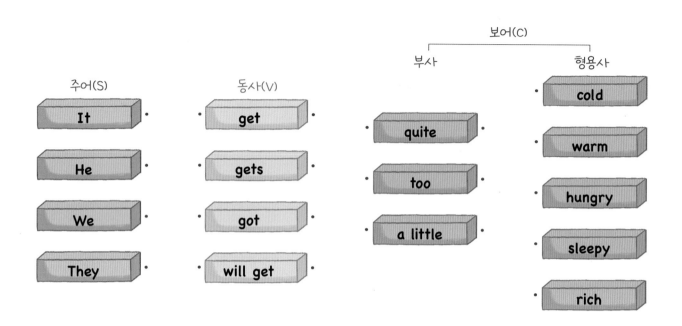

1. (날이) 너무 추워졌다.

   ⊙ [   ] [   ] [   ] [   ].

2. 그는 꽤 부유해졌다[부자가 되었다].

   ⊙ [   ] [   ] [   ] [   ].

3. 우리는 너무 졸리다.

   ⊙ [   ] [   ] [   ] [   ].

4. 그들은 약간 배고파질 것이다.

   ⊙ [   ] [   ] [   ] [   ].

5. (날이) 꽤 따뜻해진다.

   ⊙ [   ] [   ] [   ] [   ].

6. 그들은 너무 배고파졌다.

   ⊙ [   ] [   ] [   ] [   ].

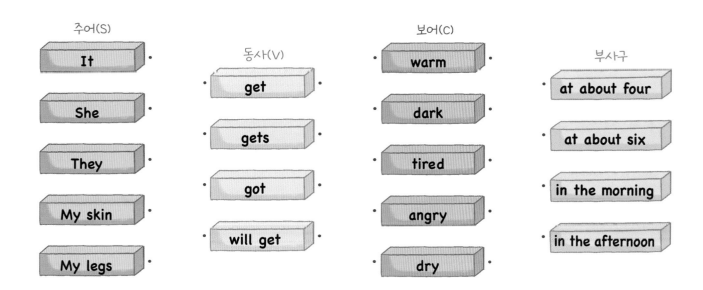

연습 팍팍② 우리말에 맞춰 단어 블록들을 연결하고 완성된 문장을 써 보세요.

주어(S)
It
She
They
My skin
My legs

동사(V)
get
gets
got
will get

보어(C)
warm
dark
tired
angry
dry

부사구
at about four
at about six
in the morning
in the afternoon

1. 6시쯤에는 (날이) 어두워진다.
○ _____ _____ _____ _____ .

2. 그녀는 아침에 화를 냈다.
○ _____ _____ _____ _____ .

3. 그들은 오후에 피곤해진다.
○ _____ _____ _____ _____ .

4. 4시쯤 내 피부는 건조해진다.
○ _____ _____ _____ _____ .

5. 오후에는 (날이) 따뜻해졌다.
○ _____ _____ _____ _____ .

6. 내 다리는 4시쯤에 피곤해질 것이다.
○ _____ _____ _____ _____ .

문장에 살 붙이기 Ⅱ 비교급 형용사, 시기와 정도 표현

개념 쏙쏙 부모님이나 선생님, 친구와 역할을 나눠서 읽어 보세요.

① 저 오늘 칭찬 받았어요. 제 영어 실력이 점점 더 좋아지고 있다고요.

정말 그래요. 민준이 영어가 날마다 늘고 있는 것 같아요.

② 그걸 또 영어로 말해 보자고 하실 거죠? 이제 척하면 안다고요!

③ 오~, 제법인데요. 문장을 한번 만들어 볼까요? '나의 영어 실력이 날마다 점점 더 좋아지고 있다.'를 말해 봐요.

④ 뭐, 그쯤이야. My English is getting better day by day.

Very good!

⑤ My brother is getting strong day by day. 라고 말해도 돼요? 우리 형이 자꾸 힘이 세지고 있거든요.

힘이 점점 더 세지고 있는 거니까 strong 대신에 stronger를 쓰면 더 좋아요.

⑥ stronger요?

⑦ '점점 더 ~해지다'라고 변화를 나타낼 때 비교급 형용사를 써요. 즉 형용사 끝에 -er을 붙여서 표현하죠. 단, hot, big처럼 마지막 자음을 한 번 더 써 줘야 하는 경우도 있어요. 이런 건 외워 두세요.

비교급 (더 ~한)
strong - stronger
hot - hotter
big - bigger

⑧ 모양이 전혀 다른 비교급 형태도 있어요. good - better, bad - worse처럼요.

아이고~, 머리에서 쥐나려고 해요! 제발 그만~!

비교급 (더 ~한)
good - better
bad - worse

⑨ 호호호. 마지막으로, '날이 요즘 점점 더 더워지고 있다.'를 말해 볼까요?

It is getting hotter these days.

시기나 정도를 나타내는 표현을 알아두세요.
day by day(날마다)
these days(요즘)
slowly(서서히)
gradually(점차)

1 비교급 형용사

'점점 더 ~해지다'를 표현할 땐 보어로 비교급 형용사를 써야 해요. 비교급 형용사는 보통 형용사 끝에 -er을 붙여서 만들어요. '더 ~한'이란 뜻이 되죠.

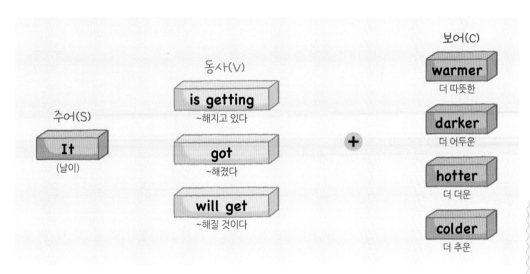

(날이) 점점 **더 따뜻해지고** 있다.　　　　It is getting **warmer**.

(날이) 점점 **더 어두워**졌다.　　　　It got **darker**.

> 비교급 형용사를 잘 익혀 두세요.
> warm – warmer
> dark – darker
> hot – hotter
> cold – colder

2 시기/정도 표현

문장 맨 끝에 시기나 정도를 나타내는 부사나 부사구 표현을 합체할 수 있어요.

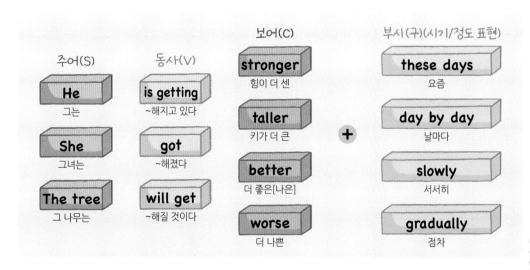

그(의 상태)는 **날마다** 점점 더 나빠지고 있다.　　He is getting worse **day by day**.

그 나무는 **서서히** 점점 더 키가 자랐다.　　The tree got taller **slowly**.

> 불규칙 변화를 하는 비교급 형용사예요.
> good – better
> bad – worse

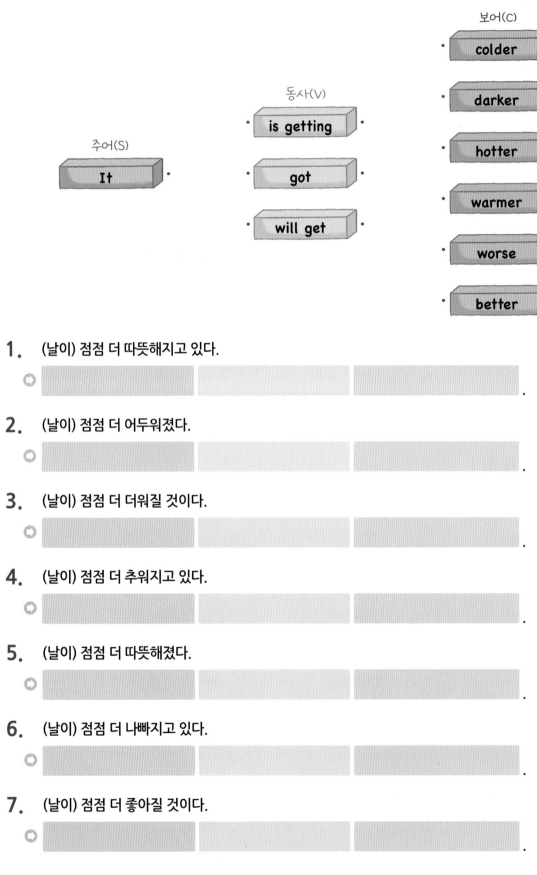

보어(C)
colder
darker
hotter
warmer
worse
better

동사(V)
is getting
got
will get

주어(S)
It

1. (날이) 점점 더 따뜻해지고 있다.

2. (날이) 점점 더 어두워졌다.

3. (날이) 점점 더 더워질 것이다.

4. (날이) 점점 더 추워지고 있다.

5. (날이) 점점 더 따뜻해졌다.

6. (날이) 점점 더 나빠지고 있다.

7. (날이) 점점 더 좋아질 것이다.

연습 팍팍 ❷ 우리말에 맞춰 단어 블록들을 연결하고 완성된 문장을 써 보세요.

주어(S)	동사(V)	보어(C)	부사(구)
He	is getting	tired	these days
She	are getting	taller	day by day
The tree	got	stronger	slowly
My parents	will get	better	gradually
They		worse	

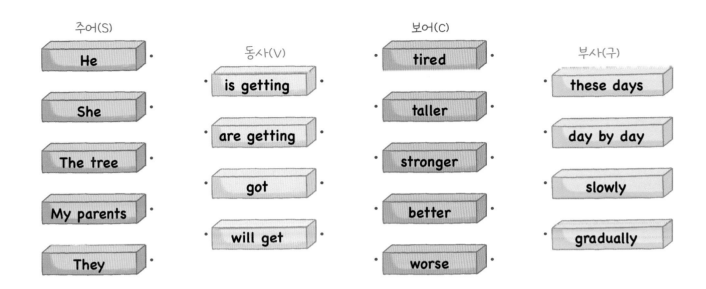

1. 그는 요즘 점점 더 키가 커지고 있다.

➲ ________________ .

2. 그녀는 점차 점점 더 좋아질 것이다.

➲ ________________ .

3. 나의 부모님은 요즘 점점 더 강해지고 계신다.

➲ ________________ .

4. 그는 날마다 점점 더 나빠졌다.

➲ ________________ .

5. 그들은 서서히 점점 더 피곤해지고 있다.

➲ ________________ .

6. 그 나무는 점차 점점 더 키가 자랄 것이다.

➲ ________________ .

Step 3

슈퍼 문장 만들기

연습 팍팍 문장 뼈대에 살을 붙여가면서 슈퍼 문장을 만들어 보세요.

1) 보어 자리의 형용사 앞에는 quite, a little, too와 같은 부사를 붙여 줄 수 있어요.
2) 문장 맨 끝에는 these days, day by day와 같은 시기를 나타내는 부사구나 slowly, gradually와 같은 정도를 나타내는 부사를 붙여 줄 수 있어요.

1. ❶ 우리 선생님은 화가 나셨다.

   ❷ 우리 선생님은 **꽤** 화가 나셨다.

   ❸ 우리 선생님은 **아침에** 꽤 화가 나셨다.

   ⟳

2. ❶ (날이) 어두워진다.

   ❷ (날이) **약간** 어두워진다.

   ❸ (날이) **6시쯤에는** 약간 어두워진다.

   ⟳

3. ❶ **(날이) 추워졌다.**

❷ (날이) **너무** 추워졌다.

❸ (날이) **오후에** 너무 추워졌다.

．

4. ❶ **(날이) 따뜻해질 것이다.**

❷ (날이) **꽤** 따뜻해질 것이다.

❸ (날이) **4시쯤에** 꽤 따뜻해질 것이다.

．

5. ❶ **그는 살이 찌고 있다.**

❷ 그는 **약간** 살이 찌고 있다.

❸ 그는 **요즘** 약가 살이 찌고 있다.

．

6. ❶ **그들은 배고파진다.**

❷ 그들은 **너무** 배고파진다.

❸ 그들은 **오후에** 너무 배고파진다.

．

의문문 만들기

① Do/Does + 주어 + get + 보어?

'~가 되니?, ~해지니?'라고 물을 때 단수 주어에는 Does를, 복수 주어에는 Do를 이용해 의문문을 만들어요.

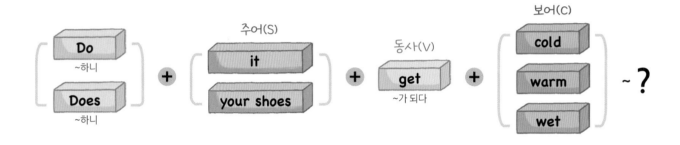

1. 3월에는 따뜻해지나요?

> ◎ [　　　　] [　　　　] [　　　　] [　　　　] in March ? ◀ Yes, it does.

2. 너의 신발은 비에 젖니?

> ◎ [　　　　] [　　　　] [　　　　] [　　　　] in the rain ? ◀ No, they don't.

3. 오후에는 (날이) 꽤 추워지나요?

> ◎ [　　] [　] [　　　] [　　] [　　] [　　　　　　] ?
>
> No, it doesn't.

② Is/Are + 주어 + getting + 보어?

'~가 되고 있니?, ~해지고 있니?'라고 물을 땐 be동사 Is나 Are를 문장 맨 앞에 써요. 단수 주어에는 Is를, 복수 주어에는 Are를 쓰면 돼요.

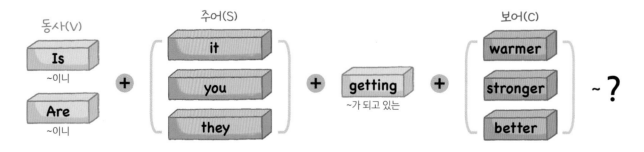

1. (날이) 점차 점점 더 따뜻해지고 있나요?

⟳ ［　　　　　　　　　　　　　　　　　　　　　　　］ ? ◁ Yes, it is.

2. 너는 날마다 점점 더 좋아지고 있니?

⟳ ［　　　　　　　　　　　　　　　　　　　　　　　］ ? ◁ No, I'm not.

3. 그들은 요즘 힘이 점점 더 세지고 있니?

⟳ ［　　　　　　　　　　　　　　　　　　　　　　　］ ? ◁ Yes, they are.

❸ Did + 주어 + get + 보어?

'~가 되었니?, ~해졌니?'라고 물을 땐 주어에 상관없이 Did를 문장 맨 앞에 쓰면 돼요.

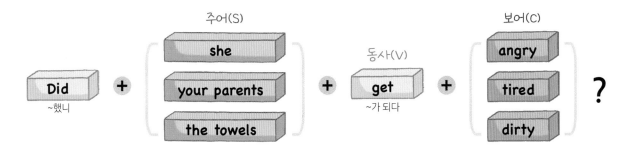

1. 그녀는 화가 났니?

⟳ ［　　　　　　　　　　　　　　　　　　］ ? ◁ Yes, she did.

2. 그 수건들은 더러워졌나요?

⟳ ［　　　　　　　　　　　　　　　　　　］ ? ◁ No, they didn't.

3. 너의 부모님은 피곤해지셨니?

⟳ ［　　　　　　　　　　　　　　　　　　］ ? ◁ Yes, they did.

④ Will + 주어 + get + 보어?

'~가 될까?, ~해질까?'라고 물을 땐 주어에 상관없이 Will을 문장 맨 앞에 써요.

1. 그는 배고플까요?

⊙ [　　　] [　　　] [　　　] [　　　] ?   No, he won't.

2. 내일은 (날이) 더 추워질까?

⊙ [　　] [　　] [　　] [　　] [tomorrow] ?

　　　　　　　　　　No, it won't.

3. 6시쯤에는 (날이) 어두워질까요?

⊙ [　　] [　　] [　　] [　　] [　　] ?

　　　　　　　　　　Yes, it will.

CHALLENGE!

동사 become을 이용하여 문장을 만들어 보세요.

~ (해)지다	become
	becomes
~ (해)지고 있다	is/are becoming
~ (해)졌다	became
~ (해)질 것이다	will become

긍정문

1. 그는 의사가 되었어요.
   ○ [   ] [   ] [   ] .

2. 날이 더 따뜻해지고 있다.
   ○ [   ] [   ] [   ] .

3. 나의 선생님은 화를 내신다.
   ○ [   ] [   ] [   ] .

4. 6시쯤에 (날이) 어두워졌다.
   ○ [   ] [   ] [   ] [   ] .

5. 밤에는 공기가 더 차가워질 것이다.
   ○ [   ] [   ] [   ] at night .

6. 지구가 서서히 점점 더 따뜻해지고 있다.
   ○ [Earth] [   ] [   ] [   ] .

~ (해)지지 않다	don't/doesn't become
~ (해)지지 않고 있다	isn't/aren't becoming
~ (해)지지 않았다	didn't become
~ (해)지지 않을 것이다	won't become

부정문

1. 그는 선생님이 되지 않을 거예요.

○ _____ _____ _____ .

2. 그녀는 의사가 되지 않았다.

○ _____ _____ _____ .

3. 그들은 가난해지지 않을 것이다.

○ _____ _____ poor .

4. 그의 부모님은 유명해지지 않았다.

○ _____ _____ famous .

5. 그는 가수가 되지 못했다.

○ _____ _____ a singer .

6. 그것은 아침에도 더 나아지지 않을 것이다.

○ _____ _____ _____ _____ .

의문문

1. 그는 부자가 되었나요?

○   rich ?

2. 그녀는 의사가 될까요?

○ ?

3. 그들이 우리 팬이 될까요?

○   our fans ?

4. (날이) 요즘 점점 더 추워지고 있나요?

○ ?

5. 그것은 날마다 더 나빠지고 있나요?

○ ?

6. 그들은 화가 났나요?

○ ?

A. 우리말 뜻에 알맞게 동사 get과 become을 이용하여 빈칸을 채우세요.

1.

~가 되다	~가 되지 않다	~가 되니?
_____ / gets	_____ /doesn't get	Do/_____ ~ get?
~가 되었다	~가 되지 않았다	~가 되었니?
_____	_____ get	Did ~ _____?
~가 될 것이다	~가 되지 않을 것이다	~가 되고 있니?
_____ get	_____ get	Is/Are ~ _____?

2.

~(해)지다	~(해)지지 않다	~(해)지니?
become / _____	don't/_____ become	_____ /Does ~ become?
~(해)졌다	~(해)지지 않았다	~(해)졌니?
_____	_____	Did ~ _____?
~(해)질 것이다	~(해)지지 않을 것이다	~(해)지고 있니?
_____ become	_____	Is/Are ~ _____?

B. 주어진 단어를 순서대로 배열해 보세요.

> 문장의 첫 글자는 대문자로 쓰고, 문장 끝에 문장 부호를 쓰세요.

3. getting | shoes | are | dirty | my

→ _____

4. get | we | didn't | hurt

→ _____

5. at | it | six | gets | dark | about

→ _____

6. teacher | become | won't | he | a

→ _____

C. 주어진 문장을 지시대로 바꾸어 쓰세요.

7. It got darker.

    부정문

8. Your shoes get wet in the rain.

    의문문

9. Our teacher will get angry.

    부정문

10. She will become a doctor.

    의문문

D. 주어진 단어들을 이용하여 우리말에 맞게 문장을 완성해 보세요.

11. 그는 날마다 점점 더 나빠지고 있다. ·· day by day

12. 3월에는 따뜻해지니? ·· in March

13. 내일은 더 추워질까? ·· tomorrow

맞힌 개수 :

/13 개

첫 번째 동사 **be**

이름:

날짜:

★ 우리말 뜻에 알맞은 영어 단어 또는 표현을 쓰세요.

1. 귀여운	2. 친절한	3. 슬픈	4. 바쁜	5. 피곤한
_____	_____	_____	_____	_____

6. 아픈	7. 게으른	8. 한가한	9. 의사	10. 학생
_____	_____	_____	_____	_____

11. 영리한	12. 행복한	13. 더 어린	14. 자매	15. 형제
_____	_____	_____	_____	_____

▶ a/an/소유격 + 형용사 + 명사

1. 영리한 개 _____
2. 행복한 소녀 _____
3. 친절한 의사 _____
4. 정직한 학생들 _____
5. 배고픈 형제들 _____

6. 나의 남동생 _____
7. 그녀의 오빠 _____
8. 우리의 귀여운 개 _____
9. 너희들의 최고의 선생님 _____
10. Jane의 여동생들 _____

▶ 형용사 and 형용사

11. 배고프고 피곤한 _____
12. 한가하고 행복한 _____
13. 게으르고 어리석은 _____
14. 정직하고 영리한 _____
15. 귀엽고 친절한 _____

▶ 부사 + 형용사

16. 너무 아픈 _____
17. 너무 게으른 _____
18. 너무 피곤한 _____
19. 매우 바쁜 _____
20. 매우 행복한 _____

두 번째 동사 feel

이름 : _____

날짜 : _____

★ 우리말 뜻에 알맞은 영어 단어 또는 표현을 쓰세요.

1. 좋은	2. 졸린	3. 배고픈	4. 배부른	5. 속상한
_____	_____	_____	_____	_____

6. 지루한	7. 미안한	8. 상쾌한	9. 깃털	10. 빵
_____	_____	_____	_____	_____

11. 거친	12. 부드러운	13. 따뜻한	14. 차가운	15. 젖은
_____	_____	_____	_____	_____

▶ the/this/that + 형용사 + 단수 명사

1. 그 노인 _____
2. 이 하얀 천 _____
3. 저 불쌍한 소녀 _____
4. 그 새 로션 _____
5. 저 갈색 빵 _____

▶ the/these/those + 형용사 + 복수 명사

6. 이 둥근 돌들 _____
7. 저 어린 소년들 _____
8. 그 오래된 돌들 _____
9. 저 새 깃털들 _____
10. 저 키 큰 소년들 _____

▶ 부사(really/so) + 형용사

11. 정말 거친 _____
12. 정말 지루한 _____
13. 매우 좋은 _____
14. 매우 딱딱한 _____
15. 매우 미안한 _____

▶ 부사(구)

16. 항상[언제나] _____
17. 그 당시에 _____
18. 더 이상 _____
19. 선혀 _____
20. 지금 _____

세 번째 동사 **taste**

이름:
_____

날짜:
_____

★ 우리말 뜻에 알맞은 영어 단어 또는 표현을 쓰세요.

1. 단	2. 짠	3. 버터	4. 호두	5. 쿠키
_____	_____	_____	_____	_____

6. 쓴	7. 신	8. 신선한	9. 샐러드	10. 꿀
_____	_____	_____	_____	_____

11. 주스	12. 닭, 닭고기	13. 치즈	14. 수프, 국, 탕	15. 초콜릿
_____	_____	_____	_____	_____

▶ the/this/that + 명사 + 단수 명사

1. 그 치즈 파이 _____

2. 이 닭고기 수프 _____

3. 저 호두 케이크 _____

4. 이 치즈 피자 _____

5. 그 포도 주스 _____

▶ the/these/those + 명사 + 복수 명사

6. 그 치즈 샌드위치들 _____

7. 이 사과 파이들 _____

8. 저 초콜릿 쿠키들 _____

9. 그 바나나 쿠키들 _____

10. 저 닭고기 샌드위치들 _____

▶ 부사(a little/very/too) + 형용사

11. 약간 짠 _____

12. 약간 쓴 _____

13. 매우 단 _____

14. 너무 매운 _____

15. 너무 형편없는 _____

▶ with + 명사

16. 수프와 함께 먹으면 _____

17. 버터와 함께 먹으면 _____

18. 샐러드와 함께 먹으면 _____

19. 우유와 함께 먹으면 _____

20. 꿀과 함께 먹으면 _____

네 번째 동사 **get**

이름 : _____

날짜 : _____

★ 우리말 뜻에 알맞은 영어 단어 또는 표현을 쓰세요.

1. 마른, 건조한	2. 더러운	3. 부유한	4. 화난	5. 다친
_____	_____	_____	_____	_____

6. 키가 큰	7. 힘센	8. 살찐	9. 더 좋은	10. 더 나쁜
_____	_____	_____	_____	_____

11. 수건	12. 부모	13. 피부	14. 꽤	15. ~쯤, 대략
_____	_____	_____	_____	_____

▶ 부사(quite/too/a little) + 형용사

1. 꽤 추운 _____
2. 너무 어두운 _____
3. 너무 졸리는 _____
4. 약간 따뜻한 _____
5. 약간 마른 _____

▶ 시간 표현

6. 4시쯤에 _____
7. 6시쯤에 _____
8. 아침에 _____
9. 오후에 _____
10. 저녁에 _____

▶ 비교급 형용사

11. 더 따뜻한 _____
12. 더 추운 _____
13. 더 어두운 _____
14. 더 나은 _____
15. 더 더운 _____

▶ 시기/정도 표현

16. 요즘 _____
17. 날마다 _____
18. 서서히 _____
19. 점차 _____

be & seem

이름 : _____

날짜 : _____

A. 주어진 단어를 사용하여 우리말에 맞게 문장을 완성하세요.

1.
| am |
| is |
| was |

나는 배고프다. _____

그것은 귀여운 개다. _____

그는 많이 아프지 않았다. _____

2.
| are |
| were |

내 친구들은 영리하다. _____

너희 선생님들은 바쁘셨니? _____

3.
| be |
| seem |

나는 선생님이 될 것이다. _____

그녀는 행복하지 않을 것이다. _____

그들은 피곤해 보이지 않는다. _____

4.
| seems |

그녀는 정직한 것 같다. _____

그 개는 배고픈 것 같다. _____

5.
| seemed |

그의 형제들은 한가해 보였다. _____

그녀의 친구는 슬퍼 보였다. _____

B. 다음 문장을 우리말에 맞게 주어진 단어를 이용하여 바꿔 쓰세요.

> She is a girl.

앞 문장은 다음 문장의 힌트가
되므로 문제를 차례대로 푸세요.

1. 그녀는 영리한 소녀다.　smart

   _____

2. 그녀는 영리한 학생이니?　student

   _____

3. 그녀는 영리한 학생이었니?　was

   _____

4. 그들은 진짜 영리했니?　they, really

   _____

5. 그들은 진짜 피곤했다.　tired

   _____

6. 그들은 피곤해 보였다.　seemed

   _____

7. 그들은 바쁘고 피곤해 보였다.　busy

   _____

8. 그들은 매우 바빠 보였니?　did, very

   _____

9. 그들은 매우 슬퍼 보이니?　do, sad

   _____

10. 그는 행복해 보인다.　he, happy

    _____

A. 주어진 단어를 사용하여 우리말에 맞게 문장을 완성하세요.

1. feel

나는 기분이 좋다. _____

그 소녀는 미안해하지 않았다. _____

2. feels

그 소년은 배고픔을 느낀다. _____

그 돌은 거칠게 느껴진다. _____

3. felt

우리는 배부른 느낌이 들었다. _____

그 빵은 딱딱하게 느껴졌다. _____

4. look

너는 매우 추워 보인다. _____

그 소년들은 지루해 보였니? _____

5. looks

그녀는 행복해 보인다. _____

이 흰색 천은 새것처럼 보인다. _____

6. looked

그 소년들은 그 당시에 좋아 보였다. _____

그녀는 항상 피곤해 보였다. _____

B. 다음 문장을 우리말에 맞게 주어진 단어를 이용하여 바꿔 쓰세요. 단, 부정문은 축약형으로 쓰세요.

> Her hands feel smooth.

앞 문장은 다음 문장의 힌트가 되므로 문제를 차례대로 푸세요.

1. 그녀의 손은 (촉감이) 거칠었다.   felt, rough

   _____

2. 그녀의 손은 따뜻하지 않았다.   not, warm

   _____

3. 그녀는 배고프지 않았다.   hungry

   _____

4. 그녀는 배고프니?   does

   _____

5. 그녀는 기분이 어때?   how

   _____

6. 너는 오늘 기분이 어때?   do, you, today

   _____

7. 그 소년은 어떻게 보이니?   boy, look

   _____

8. 저 소년들은 행복해 보이니?   those, happy

   _____

9. 저 어린 소녀들은 졸려 보인다.   little, sleepy

   _____

10. 이 소녀는 더 이상 졸려 보이지 않는다.   anymore

   _____

143

taste & smell

이름:

날짜:

A. 주어진 단어를 사용하여 우리말에 맞게 문장을 완성하세요.

1. **taste**

이 바나나들은 달콤한 맛이 난다. _____

저것들은 신맛이 나지 않는다. _____

2. **tastes**

그 버터는 맛이 짜다. _____

이 피자에서 매운 맛이 난다. _____

3. **tasted**

그 커피는 쓴맛이 났다. _____

저 샐러드는 신선했다. _____

4. **smell**

그 우유는 신 냄새가 날 것이다. _____

이 쿠키들은 냄새가 좋다. _____

5. **smells**

그 사과 파이는 달콤한 냄새가 난다. _____

이 치즈는 냄새가 약간 이상하다. _____

6. **smelled**

저 수프는 냄새가 끔찍했다. _____

그 치킨 샌드위치는 신선한 냄새가 났다. _____

B. 다음 문장을 우리말에 맞게 주어진 단어를 이용하여 바꿔 쓰세요. 단, 부정문은 축약형으로 쓰세요.

The cake tastes good.

앞 문장은 다음 문장의 힌트가 되므로 문제를 차례대로 푸세요.

1. 그 치즈는 짠 맛이 났다.   tasted

_____

2. 그 치즈 쿠키는 커피와 함께 먹으면 맛있다.   cookie, coffee

_____

3. 이 치즈 쿠키들은 매우 달다.   very, sweet

_____

4. 저 버터 쿠키들은 맛이 달지 않을 것이다.   butter, won't

_____

5. 그 버터 빵은 맛이 이상하니?   bread, funny

_____

6. 이 빵은 맛이 어때?   how, this

_____

7. 이 커피는 냄새가 어때?   coffee, smell

_____

8. 이 파이들은 어떤 냄새가 나니?   these, pies

_____

9. 이 호두 파이는 냄새가 좋지 않다.   walnut, not

_____

10. 그 포도 주스는 신신한 냄새가 나시 않았다.   grape, fresh

_____

get & become

이름: _____

날짜: _____

A. 주어진 단어를 사용하여 우리말에 맞게 문장을 완성하세요.

1. **get/gets**

   (날이) 추워진다. _____

   너희들은 화내지 않을 것이다. _____

2. **getting**

   (날이) 따뜻해지고 있다. _____

   나의 신발들은 더러워지고 있다. _____

3. **got**

   우리는 배고파졌다. _____

   나의 부모님은 피곤하셨다. _____

4. **become**

   우리는 오후에 배고파진다. _____

   그녀는 의사가 될 거니? _____

5. **becoming**

   그것들은 더 좋아지고 있다. _____

   (날이) 점점 더 추워지고 있니? _____

6. **became**

   나는 힘이 더 세어졌다. _____

   그는 선생님이 되었다. _____

B. 다음 문장을 우리말에 맞게 주어진 단어를 이용하여 바꿔 쓰세요. 단, 부정문은 축약형으로 쓰세요.

It gets dark.

앞 문장은 다음 문장의 힌트가 되므로 문제를 차례대로 푸세요.

1. 6시쯤에는 (날이) 어두워진다.   about six

   _____

2. 오후에는 (날이) 따뜻해졌다.   warm, afternoon

   _____

3. 나는 4시쯤에 졸렸다.   sleepy, at about four

   _____

4. 우리는 다치지 않았다.   not, hurt

   _____

5. 그녀는 화가 났니?   did, angry

   _____

6. 그녀는 점점 더 좋아지고 있니?   getting, better

   _____

7. (날이) 요즘 점점 더 추워지고 있니?   becoming, these days

   _____

8. 지구가 점점 더 따뜻해지고 있다.   Earth, warmer

   _____

9. 내일은 더 추워질까?   will, become

   _____

10. 그는 선생님이 되지 않을 것이다.   not, become, teacher

   _____

중학교 가기 전 꼭 짚고 가야 할 예비중 필수 학습서

기적의 트레이닝

문법과 독해의 정확성을 높여주는
동사의 3단 변화 연습서!

기적의 동사 변화 트레이닝

저자	대상 독자	쪽수	부속	가격
주선이	초등 5~6학년	152쪽	MP3 파일	13,000원

- 예비 중학생이 꼭 알아야 할 필수 동사 162개 수록
- 동사의 3단 변화형 학습으로 문법과 독해 실력 향상
- 162개 동사의 변화형을 마스터하는 종합 테스트 4회분 제공
- MP3 파일로 문장 예습·복습 가능

문법과 영작에 강해지는
확장식 문장 만들기 연습서!

기적의 영어 문장 트레이닝

저자	대상 독자	쪽수	부속	가격
주선이	초등 5~6학년	176쪽	MP3 파일, 부가 학습 자료	13,000원

- 예비 중학생이 꼭 써봐야 할 5형식 문장 826개 수록
- 5형식 문장 규칙 학습으로 기초 문법과 영작 실력 다지기
- 확장식 문장 만들기 연습으로 중학 영어와 서술형 영작 시험 대비
- 배운 내용을 점검할 수 있는 단어 테스트, 리뷰 테스트 온라인 제공

기적의 영어문장 만들기 정답

길벗스쿨

2 | 2형식 문장

기적의 영어문장 만들기 2

정답

2형식 문장

길벗스쿨

5. I / am not / a / smart / girl
6. She / isn't / a / cute / girl
7. It / wasn't / a / hungry / dog

Step2 문장에 살 붙이기 **Ⅱ**

연습팍팍❶ ·········· p.32

1. I / am / too sad
2. You / are / cute and smart
3. They / were / silly and lazy
4. The student / is / very honest
5. His brother / was / free and happy
6. My friends / will be / hungry and tired

연습팍팍❷ ·········· p.33

1. I / am not / very tired
2. He / wasn't / really happy
3. We / weren't / very sick
4. The teacher / isn't / very kind
5. My friend / won't be / really busy
6. His brothers / aren't / brave

Step3 슈퍼 문장 만들기

연습팍팍 ·········· p.34

1. ① My / brother / is / happy
   ② elder
   ③ very
   My elder brother / is / very happy

2. ① He / is / a / student
   ② smart
   ③ very
   He / is / a very smart student

3. ① Her / friend / is / kind
   ② best
   ③ very
   Her best friend / is / very kind

4. ① It / was / a / dog
   ② hungry
   ③ very

It / was / a very hungry dog

5. ① We / are / free
   ② and happy
   ③ very
   We / are / very free and happy

6. ① The / students / were / busy
   ② smart
   ③ and tired
   The smart students / were / busy and tired

Step4 의문문 만들기

❶ Is + 단수 주어 + 보어? ·········· p.36

1. Is / his dog / smart
2. Is / the teacher / kind
3. Is / your younger sister / sick

❷ Are + 복수 주어 + 보어? ·········· p.37

1. Are / you / hungry
2. Are / they / very / lazy
3. Are / you / happy

❸ Was + 단수 주어 + 보어?

1. Was / his younger sister / cute
2. Was / he / very / sad
3. Was / she / very / busy

❹ Were + 복수 주어 + 보어? ·········· p.38

1. Were / you / very / tired
2. Were / the teachers / very / kind
3. Were / you / sick

CHALLENGE!

REVIEW TEST

두 번째 동사 feel

Step1 문장의 뼈대 만들기 **I**

연습팍팍 p.48

1. I / feel / good
2. We / don't feel / sleepy
3. They / feel / tired
4. I / don't feel / good
5. The stones / feel / rough
6. The feathers / don't feel / soft
7. Your hands / feel / warm
8. The stones / don't feel / rough

Step1 문장의 뼈대 만들기 **II**

연습팍팍 p.51

1. The boy / feels / hungry
2. The girl / doesn't feel / upset
3. The man / feels / bored
4. The boy / doesn't feel / hungry
5. The water / feels / cold
6. The cloth / doesn't feel / wet
7. The air / feels / fresh
8. The water / doesn't feel / cold

Step1 문장의 뼈대 만들기 **III**

연습팍팍 p.54

1. I / felt / happy
2. We / didn't feel / full
3. The girl / felt / sorry
4. I / didn't feel / happy
5. The lotion / felt / sticky
6. Her skin / didn't feel / smooth
7. The bread / felt / hard
8. The lotion / didn't feel / sticky

Step2 문장에 살 붙이기 **I**

연습팍팍❶ p.57

1. The white lotion / felt / sticky
2. This old bread / feels / hard
3. That round stone / feels / rough
4. The little girls / felt / bored
5. These poor men / felt / hungry
6. Those new feathers / feel / soft

연습팍팍❷ p.58

1. The poor girl / didn't feel / good
2. These round stones / don't feel / smooth
3. That old man / doesn't feel / sorry
4. Those new lotions / didn't feel / sticky
5. This little boy / doesn't feel / happy
6. That white bread / didn't feel / hard

Step2 문장에 살 붙이기 **II**

연습팍팍 p.61

1. We / felt / really / good
2. The air / feels / so / fresh
3. The boy / doesn't feel / bored / anymore
4. The men / didn't feel / hungry / at that time
5. Her hands / feel / smooth / all the time
6. The girls / don't feel / sorry / at all

Step3 슈퍼 문장 만들기

연습팍팍 p.62

1. ① I / felt / sorry
   ② really
   ③ at that time
   I / felt / really sorry / at that time

2. ① This / cloth / doesn't feel / soft
   ② new

③ at all
This new cloth / doesn't feel / soft / at all

3. ① Those / stones / feel / rough
② round
③ so
Those round stones / feel / so rough

4. ① The / boys / didn't feel / hungry
② little
③ really
The little boys / didn't feel / really hungry

5. ① His hands / feel / warm
② so
③ all the time
His hands / feel / so warm / all the time

6. ① The girl / feels / happy
② so
③ all the time
The girl / feels / so happy / all the time

Step 4 의문문 만들기

❶ Do/Does/Did + 사람 주어 + feel? ········ p.64

1. Do / you / feel / sleepy
2. Does / the girl / feel / really / hungry
3. Do / they / feel / tired

❷ Do/Does/Did + 사물 주어 + feel? ········ p.65

1. Does / the water / feel / warm
2. Did / the air / feel / fresh
3. Do / the feathers / feel / soft

❸ How + do/does/did + 사람 주어 + feel?

1. How / does / she / feel
2. How / do / you / feel
3. How / do / they / feel

❹ How + do/does/did + 사물 주어 + feel?
·· p.66

1. How / does / the round bread / feel
2. How / did / that white cloth / feel

3. How / did / the air / feel

CHALLENGE!

1. You / look / so cold
2. The children / looked / really sleepy
3. The white cloth / looks / really soft
4. These little girls / look / so hungry
5. She / looks / tired / all the time
6. The boys / looked / happy / at that time

1. He / doesn't look / good
2. These stones / don't look / rough
3. The water / didn't look / warm
4. The children / don't look / sleepy / anymore
5. They / didn't look / sorry / at that time
6. The cloth / doesn't look / new / at all

1. How / do / the children / look
2. Does / the girl / look / bored
3. Did / the old man / look / really cold
4. How / does / her friend / look
5. Do / they / look / happy / all the time
6. How / did / the woman / look / at that time

A · p.70

1.

feel	don't	Does
felt	didn't	feel
will	won't	feel

2.

looks	doesn't	Do
looked	didn't, look	look
will	won't, look	look

B

3. The girl feels upset.
4. The feathers feel soft.
5. The men don't feel sleepy.
6. The girl looks so happy.

C · p.71

7. We didn't feel full.
8. This new lotion feels sticky.
9. Do you feel bored?
10. He didn't look so sorry.

D

11. She looks tired all the time.
12. The water didn't look warm.
13. How do the children look?

세 번째 동사 taste

5. These bananas / will taste / very / funny
6. This coffee / tastes / too / bitter

연습팍팍❷ p.93
1. That bread / didn't taste / good / with juice
2. This soup / doesn't taste / spicy / with salad
3. The pizza / didn't taste / salty / with soup
4. This coffee / doesn't taste / bitter / with milk
5. The walnuts / don't taste / bitter / with honey
6. Those pies / won't taste / awful / with coffee

Step 3 슈퍼 문장 만들기

연습팍팍 p.94
1. ① This / soup / tastes / funny
   ② chicken
   ③ a little
   This chicken soup / tastes / a little funny

2. ① Those / sandwiches / taste / good
   ② cheese
   ③ with juice
   Those cheese sandwiches / taste / good / with juice

3. ① The / milk / tasted / fresh
   ② banana
   ③ very
   The banana milk / tasted / very fresh

4. ① These / cookies / will taste / good
   ② chocolate
   ③ with milk
   These chocolate cookies / will taste / good / with milk

5. ① This / juice / tastes / sour
   ② grape
   ③ a little
   This grape juice / tastes / a little sour

6. ① The / pies / tasted / sweet
   ② apple
   ③ too

The apple pies / tasted / too sweet

Step 4 의문문 만들기

❶ Do + 복수 주어 + taste + 보어? ·········· p.96
1. Do / the pies / taste / sweet
2. Do / the sandwiches / taste / fresh
3. Do / these cookies / taste / funny

❷ Does + 단수 주어 + taste + 보어? ········ p.97
1. Does / the pizza / taste / good
2. Does / that salad / taste / fresh
3. Does / this / taste / very / spicy

❸ Did + 주어 + taste + 보어?
1. Did / that apple juice / taste / sour
2. Did / the walnut pies / taste / awful
3. Did / those butter cookies / taste / sweet

❹ How + do/does/did + 주어 + taste? ···· p.98
1. How / did / the cheese pizza / taste
2. How / do / these walnut cookies / taste
3. How / did / those banana pies / taste

CHALLENGE!

긍정문 ·································· p.99
1. This cheese / smells / a little funny
2. These apples / smell / fresh
3. The pies / smelled / very sweet
4. The milk / will smell / sour
5. That soup / smells / spicy
6. Those cookies / smelled / good

부정문 ·································· p.100
1. That cake / doesn't smell / sweet
2. The salad / didn't smell / funny
3. The soup / won't smell / very spicy
4. These cheese pies / don't smell / salty
5. Those chicken sandwiches / didn't smell / fresh
6. This grape juice / won't smell / sour

의문문 ·· p.101

1. Do / the apple pies / smell / good
2. Did / the grapes / smell / sour
3. How / did / the coffee / smell
4. Does / that chicken soup / smell / spicy
5. How / do / these sandwiches / smell
6. How / does / this banana juice / smell

◆ REVIEW TEST ◆

A ··· p.102

1.
taste	don't	Does
tasted	didn't	taste
will	won't	taste

2.
smells	doesn't	Do
smelled	didn't, smell	smell
will	won't, smell	smell

B

3. Those apples taste sour.
4. That chicken doesn't taste spicy.
5. The cheese didn't taste salty.
6. The cake tastes very sweet.

C ··· p.103

7. Does that apple juice taste sour?
8. These walnuts won't taste bitter.
9. The coffee smells good.
10. Did that salad taste awful?

D

11. The milk will smell sour.
12. Does that salad taste fresh?
13. How did the coffee smell?

네 번째 동사 **get**

Step1 문장의 뼈대 만들기 ❶

연습팍팍 ·························· p.108

1. I / get / happy
2. They / don't get / old
3. We / get / sleepy
4. He / doesn't get / old
5. She / gets / happy
6. It / doesn't get / cold
7. They / get / happy
8. She / doesn't get / old
9. He / gets / sleepy

Step1 문장의 뼈대 만들기 ❷

연습팍팍 ·························· p.111

1. My skin / is getting / dry
2. It / isn't getting / warm
3. Your dog / is getting / fat
4. My shoes / aren't getting / dry
5. The towels / are getting / dirty
6. My legs / aren't getting / tired
7. It / is getting / warm
8. The towels / aren't getting / dry
9. My shoes / are getting / dirty

Step1 문장의 뼈대 만들기 ❸

연습팍팍 ·························· p.114

1. I / got / hungry
2. We / didn't get / angry
3. She / got / hurt
4. My shoes / didn't get / wet
5. My parents / got / tired
6. Her dog / didn't get / sick
7. We / got / hungry
8. She / didn't get / tired
9. My parents / got / angry

Step1 문장의 뼈대 만들기 ❹

연습팍팍 ·························· p.117

1. You / will get / rich
2. She / won't get / angry
3. Your legs / will get / tired
4. Our teacher / won't get / sick
5. Their dog / will get / hungry
6. My parents / won't get / angry
7. She / will get / rich
8. You / won't get / sick
9. Our teacher / will get / angry

Step2 문장에 살 붙이기 ❶

연습팍팍❶ ·························· p.120

1. It / got / too / cold
2. He / got / quite / rich
3. We / get / too / sleepy
4. They / will get / a little / hungry
5. It / gets / quite / warm
6. They / got / too / hungry

연습팍팍❷ ·························· p.121

1. It / gets / dark / at about six
2. She / got / angry / in the morning
3. They / get / tired / in the afternoon
4. My skin / gets / dry / at about four
5. It / got / warm / in the afternoon
6. My legs / will get / tired / at about four

Step2 문장에 살 붙이기 ❷

연습팍팍❶ ·························· p.124

1. It / is getting / warmer
2. It / got / darker
3. It / will get / hotter
4. It / is getting / colder

5. It / got / warmer
6. It / is getting / worse
7. It / will get / better

연습 팍팍 ② ··· p.125
1. He / is getting / taller / these days
2. She / will get / better / gradually
3. My parents / are getting / stronger / these days
4. He / got / worse / day by day
5. They / are getting / tired / slowly
6. The tree / will get / taller / gradually

Step 3 슈퍼 문장 **만들기**

연습 팍팍 ··· p.126
1. ① Our teacher / got / angry
   ② quite
   ③ in the morning
   Our teacher / got / quite angry / in the morning
2. ① It / gets / dark
   ② a little
   ③ at about six
   It / gets / a little dark / at about six
3. ① It / got / cold
   ② too
   ③ in the afternoon
   It / got / too cold / in the afternoon
4. ① It / will get / warm
   ② quite
   ③ at about four
   It / will get / quite warm / at about four
5. ① He / is getting / fat
   ② a little
   ③ these days
   He / is getting / a little fat / these days
6. ① They / get / hungry
   ② too

③ in the afternoon
They / get / too hungry / in the afternoon

Step 4 의문문 **만들기**

❶ Do/Does + 주어 + get + 보어? ········· p.128
1. Does / it / get / warm
2. Do / your shoes / get / wet
3. Does / it / get / quite / cold / in the afternoon

❷ Is/Are + 주어 + getting + 보어? ········ p.129
1. Is / it / getting / warmer / gradually
2. Are / you / getting / better / day by day
3. Are / they / getting / stronger / these days

❸ Did + 주어 + get + 보어?
1. Did / she / get / angry
2. Did / the towels / get / dirty
3. Did / your parents / get / tired

❹ Will + 주어 + get + 보어? ················· p.130
1. Will / he / get / hungry
2. Will / it / get / colder
3. Will / it / get / dark / at about six

CHALLENGE!

긍정문 ··· p.131
1. He / became / a doctor
2. It / is becoming / warmer
3. My teacher / becomes / angry
4. It / became / darker / at about six
5. The air / will become / colder
6. is becoming / warmer / slowly

부정문 ··· p.132
1. He / won't become / a teacher
2. She / didn't become / a doctor
3. They / won't become
4. His parents / didn't become
5. He / didn't become
6. It / won't become / better / in the morning

의문문 ··· p.133

1. Did / he / become
2. Will / she / become / a doctor
3. Will / they / become
4. Is / it / becoming / colder / these days
5. Is / it / becoming / worse / day by day
6. Did / they / become / angry

◆ REVIEW TEST ◆

A ··· p.134

1.
get	don't	Does
got	didn't	get
will	won't	getting

2.
becomes	doesn't	Do
became	didn't, become	become
will	won't, become	becoming

B

3. My shoes are getting dirty.
4. We didn't get hurt.
5. It gets dark at about six.
6. He won't become a teacher.

C ··· p.135

7. It didn't get darker.
8. Do your shoes get wet in the rain?
9. Our teacher won't get angry.
10. Will she become a doctor?

D

11. He is getting worse day by day.
12. Does it get warm in March?
13. Will it get colder tomorrow?

Word Test ❶ ··· p.136

1. cute   6. sick   11. smart
2. kind   7. lazy   12. happy
3. sad   8. free   13. younger
4. busy   9. doctor   14. sister
5. tired   10. student 15. brother

▶

1. a smart dog   6. my younger brother
2. a happy girl   7. her elder brother
3. a kind doctor   8. our cute dog
4. honest students   9. your best teacher
5. hungry brothers   10. Jane's younger sisters

▶

11. hungry and tired   16. too sick
12. free and happy   17. too lazy
13. lazy and silly   18. too tired
14. honest and smart   19. very busy
15. cute and kind   20. very happy

Word Test ❷ ··· p.137

1. good   6. bored   11. rough
2. sleepy   7. sorry   12. soft
3. hungry   8. fresh   13. warm
4. full   9. feather 14. cold
5. upset   10. bread   15. wet

▶

1. the old man   6. these round stones
2. this white cloth   7. those little boys
3. that poor girl   8. the old stones
4. the new lotion   9. those new feathers
5. that brown bread   10. those tall boys

▶

11. really rough   16. all the time
12. really bored   17. at that time
13. so good   18. anymore
14. so hard   19. at all
15. so sorry   20. now

Word Test ❸ p.138

1.	sweet	6.	bitter	11.	juice
2.	salty	7.	sour	12.	chicken
3.	butter	8.	fresh	13.	cheese
4.	walnut	9.	salad	14.	soup
5.	cookie	10.	honey	15.	chocolate

▶

1.	the cheese pie	7.	these apple pies
2.	this chicken soup	8.	those chocolate cookies
3.	that walnut cake		
4.	this cheese pizza	9.	the banana cookies
5.	the grape juice	10.	those chicken sandwiches
6.	the cheese sandwiches		

▶

11.	a little salty	16.	with soup
12.	a little bitter	17.	with butter
13.	very sweet	18.	with salad
14.	too hot	19.	with milk
15.	too awful	20.	with honey

Word Test ❹ p.139

1.	dry	6.	tall	11.	towel
2.	dirty	7.	strong	12.	parents
3.	rich	8.	fat	13.	skin
4.	angry	9.	better	14.	quite
5.	hurt	10.	worse	15.	about

▶

1.	quite cold	6.	at about four
2.	too dark	7.	at about six
3.	too sleepy	8.	in the morning
4.	a little warm	9.	in the afternoon
5.	a little dry	10.	in the evening

▶

11.	warmer	16.	these days
12.	colder	17.	day by day
13.	darker	18.	slowly
14.	better	19.	gradually
15.	hotter		

Final Test ❶

A. p.140

1. I am hungry.
   It is a cute dog.
   He wasn't very sick.
2. My friends are smart.
   Were your teachers busy?
3. I will be a teacher.
   She won't be happy.
   They don't seem tired.
4. She seems honest.
   The dog seems hungry.
5. His brother seemed free.
   Her friend seemed sad.

B. p.141

1. She is a smart girl.
2. Is she a smart student?
3. Was she a smart student?
4. Were they really smart?
5. They were really tired.
6. They seemed tired.
7. They seemed busy and tired.
8. Did they seem very busy?
9. Do they seem very sad?
10. He seems happy.

Final Test ❷

A. p.142

1. I feel good.
   The girl didn't feel sorry.
2. The boy feels hungry.
   The stone feels rough.
3. We felt full.
   The bread felt hard.
4. You look very cold.
   Did the boys look bored?
5. She looks happy.
   This white cloth looks new.
6. The boys looked good at that time.
   She looked tired all the time.

B. p.143

1. Her hands felt rough.
2. Her hands didn't feel warm.
3. She didn't feel hungry.
4. Does she feel hungry?
5. How does she feel?
6. How do you feel today?
7. How does the boy look?
8. Do those boys look happy?
9. Those little girls look sleepy.
10. This girl doesn't look sleepy anymore.

Final Test ❸

A. p.144

1. These bananas taste sweet.
   Those don't taste sour.
2. The butter tastes salty.
   This pizza tastes spicy.
3. The coffee tasted bitter.
   That salad tasted fresh.
4. The milk will smell sour.
   These cookies smell good.
5. The apple pie smells sweet.
   This cheese smells a little funny.
6. That soup smelled awful.
   The chicken sandwich smelled fresh.

B. p.145

1. The cheese tasted salty.
2. The cheese cookie tastes good with coffee.
3. These cheese cookies taste very sweet.
4. Those butter cookies won't taste sweet.
5. Does the butter bread taste funny?
6. How does this bread taste?
7. How does this coffee smell?
8. How do these pies smell?
9. This walnut pie doesn't smell good.
10. The grape juice didn't smell fresh.

Final Test ❹

A. p.146

1. It gets cold.
   You won't get angry.
2. It is getting warm.
   My shoes are getting dirty.
3. We got hungry.
   My parents got tired.
4. We become hungry in the afternoon.
   Will she become a doctor?
5. They are becoming better.
   Is it becoming colder?
6. I became stronger.
   He became a teacher.

B. p.147

1. It gets dark at about six.
2. It got warm in the afternoon.
3. I got sleepy at about four.
4. We didn't get hurt.
5. Did she get angry?
6. Is she getting better?
7. Is it becoming colder these days?
8. Earth is becoming warmer.
9. Will it become colder tomorrow?
10. He won't become a teacher.

수고하셨습니다.
3권에서 만나요~